# 사랑의 원자탄

보급판

안용준 지음

# 사랑의 원자탄 _보급판

초판 1쇄 1972년 3월 22일
6판 2쇄 2009년 7월 31일

지은이 | 안용준
펴낸이 | 이승하
펴낸곳 | 성광문화사
　　　　121-011 서울 마포구 아현동 710-1
　　　　☎ (02)312-2926, 312-8110, 363-1435
　　　　FAX • (02)312-3323
　　　　E-mail • Sk1435@chollian.net
　　　　http://www.skpublishing.co.kr
　　　　등록번호/제 10-45호(1975. 7. 2)
　　　　책 번호/25

*파본은 교환해 드립니다.
이 출판물은 저작권법으로 보호받는 저작물이므로
무단전제나 무단복제를 할 수 없습니다.

값 15,000원
ISBN 89-7252-133-7 03230
Printed in Korea

# 사랑의 원자탄

# 서 문

20세기에 들어서서 여러 가지 놀라운 사건이 많지만 그 중에도 파괴면에 있어서 미국을 통해서 시작된 원자력의 개발과 건설면에 있어서 한국을 통해서 나타난 인류애의 재인식은 더욱 놀랍다.

또 한가지는 민주주의와 공산주의의 대결이 무너지고 21세기가 시작된 지금 세상은 바야흐로 말세가 박두해온 것을 느끼지 않을 수 없는 시대가 되었다.

그러나 한국 정세는 8·15 해방과 동시에 묶인 38선으로 해서 말로 다 할 수 없는 고배를 마시면서도 현대화에 눈부신 성장을 하였다. 상전이 벽해가 된 감상을 느끼지 않을 수 없을 정도가 되었다.

또 세계정세도 기상천외의 방향으로 격변하여 간다. 이런 마당에 있어서 일본을 모르고, 공산주의를 모르고 자란 중.고등 학생들에게 이것들을 알려주면서 재현된 인류애의 사건을 알려주는 것이 "씨앗은 죽어서"를 출관하는 까닭인 것이다. 이 "씨앗은 죽어서"는 벌써 영국, 미국, 독일, 화란, 인도네시아 및 태국 등 여섯 개 국어로 번역이 되었고 또 아랍어 파키스탄어로 번역 계획 중이라고 하니 한 알의 밀이 땅에 떨어져 죽어서 많은 열매를 맺는 일이 되어진다고 할까?

이 책을 내는데 내용 검토와 자구 수정과 출판에 노력해 준 김충남 전도사, 박종구 총무, 이상억 선생 여러분과 안병호, 박성식 제군에게 감사한다. 하나님께 영광이 세세무궁토록 있을지어다.

2006년 봄 저자

## 차 례

| | | |
|---|---|---|
| 제 1장 | 봄 동산에 회오리 바람 | 9 |
| 제 2장 | 손과 발이 묶이다 | 23 |
| 제 3장 | 죽어서 말하는 할아버지 | 35 |
| 제 4장 | 씨앗은 죽어서 | 47 |
| 제 5장 | 눈물은 바다를 이루고 | 65 |
| 제 6장 | 사랑의 원자탄 | 79 |
| 제 7장 | 복수 | 101 |
| 제 8장 | 산돌이 이야기 | 113 |
| 제 9장 | 겟세마네 동산까지 | 121 |
| 제 10장 | 알곡은 모아 곡간에 | 149 |
| 제 11장 | 말 없는 세 무덤 | 163 |
| 제 12장 | 사랑으로 승리를 | 185 |
| 제 13장 | 죽도록 충성한 사람 | 197 |

# 제 1 장

# 봄 동산에 회오리 바람

『너희 집에서는 무엇 무엇 장만했니?』

『우리? 우리 집에서는 김밥과 멸치 볶은 것 또 찰떡도 하고, 그런데 어제 나가는 박씨 운전수에게 사과를 사다 달랬는데 참 비싸드라 애!』

『얼만데?』

『열 개 백 원』

『아이고!』하면서 묻고 대답하는 것은 옥순이와 예순이다. 이 애들은 여수 애양원에 있는 부속 성산 초등학교 제4학년 여학생들인데, 모래 가기로 한 소풍 준비에 잔뜩 마음이 들떠 있었다.

『그런데 손 목사님 내일 오신다고 했는데 꼭 오실는지 모르지?』

『글쎄?』

『안 오시면 우리 소풍도 재미없을 거야!』

『그래 참 작년 가을에도 목사님 때문에 꽤 재미있었지?』

『그럼 재미있었지, 머리털 없는 목사님 머리 위에 밤송이가 뚝 떨어지니 깜짝 놀라시면서 깡충 뛰시던 것을!』하면서 둘이서 자지러지게 웃는다.

작년 가을 소풍갔을 때에 된 일이다. 여수 애양원의 소속인 개미실산 밑에 있는 밤나무 많은 곳에 다다른 후에 밤을 따서 먹는데 손 목사님이 모자도 안 쓰시고 나무 밑에 서 계시다가 잘 익은 밤 하나가 머리털도 적은 목사님 머리 위에 뚝 떨어지니 깡충 깡충 뛰시면서 「아이고 아이고, 내 머리야! 나 죽겠네!」하시면서 애들처럼 우는 흉내를 내시던 모습이 생각이 나서 그러는 것이다.

손 목사님은 이런 행사 때에는 꼭 참석해서 여러 가지 장난을 통하여 그 애들을 기쁘고 즐겁게 해주는 것이었다. 이때에도 일부러 그럴듯 싶은 데서 계셨다가 밤송이가 머리에 떨어지니 애들처럼 머리를 움켜쥐고 앉았다, 섰다, 뛰었다 하시면서 아이고 아이고! 하고 우는 소리를 내서 모두들 배를 움켜쥐고 웃게 만든 것이었다.

『난 목사님 안 오신다면 안 갈 테야』 하면서 말하는 것은 예순이었다. 이 예순이는 네 살 때에 문둥병 들린 어머니와 함께 그 집안에서 쫓겨나 이 여수애양원에 들어 왔었다. 그의 어머니는 얼마 있다가 곧 돌아가셨으나 예순이는 아무 병이 없는데도 이곳에 8년째 있게 된 것은 예순이 아버지가 벌써 새어머니를 얻어 살고 있어서 이제는 그 아버지에게도 아주 잊어버림을 받은 때문이었다. 그래서 다음과 같은 노래를 자기가 지었는지, 어떤 선생님께 배웠는지 가끔 부르며 외로워 하는 것이다.

    1. 아마득한 먼 바다에 해 떨어지니
       조개 줍던 아이들은 집 찾아가고
       물결 위에 춤을 추던 어린 물새도
       십리 길 섬속 집을 찾아 가는데
    2. 바닷가에 밤바람은 쓸쓸도 하고

어여쁜 초생달도 집 찾아 드는데
팔년 전에 고향 떠난 어린 이 몸은
언제나 고향집을 찾아갈 건가?

　그는 이런 남모르는 형편, 말 못할 사정으로 인해서 마음에 쓸쓸함을 느끼면서 살고 있었다. 이 애양원 안에는 이런 학생들이 많았다. 따라서 몸에 병은 없으면서도 이곳에서 살아야 할 신세를 생각할 때 손 목사님에게는 여간 안타깝게 느껴지는 것이 아니었다.

　『어젯밤에 꼭 오시라고 기도하고 잤는데 꿈에 웃으시면서 오신 것 보니까 꼭 오실 거야』하고 방긋이 웃어 침울했던 얼굴에 빛이 들기 시작할 때

　『예순아! 저녁 먹어라』하고 부르는 이는 그녀의 어머니였다.

　『우리도 기도해 목사님 꼭 오시라고』하면서 거의 다름질쳐 가는 예순이를 바라보는 옥순이도

　『방 치워라 옥순아』소리에 선뜻 돌아섰다. 이 어머니들은 모두 생모들은 아니었다. 애양원에서 사랑으로 맺어진 천국가족의 어머니들이었다.

1. 푸른 바다 흰 모래 밭 아름답게 둘러 있는
   미묘한 동산 있어 하나님이 복주셨네
   좌수영 승지에 솟는 해가 장엄쿠나
   씩씩한 우리 기상 용감쿠나 성산학교
2. 산과 섬 수평선 넘어 희망의 포구 찾는 배에
   시온 성산 저 종소리 우리들은 성산학도
   아득한 대양에 나침반은 귀하구나

우리는 전진 한다 진리의 별(星) 성산학교
3. 지식 넓혀 바다같이 마음 정결 백사같이
동무여 나아가자 앞으로 앞으로
험악한 항로에 등대는 반짝인다
아아 빛나거라 성산 성산 성산학교

  목이 터지게 교가를 부르면서 여학생의 앞을 서고 남학생이 뒤를 이어 수직막문(守直幕門)을 나서서, 내를 건너 「닭머리」를 지나서 철뚝을 넘어가는 이 장사진(長蛇陣)의 일행은, 여수 애양원 부속 성산초등학교 학생 전체가 지금 소풍을 가는 것이었다. 울긋불긋 새 옷을 입고 점심을 싸들고 물통을 메고 걸어가는 이들 중에는 얼굴이 반쯤 옆으로 휘어진 듯한 아이도 있었고 쩔뚝거리는 아이, 팔이 하나 없는 아이, 입술이 비뚤어진 아이 등등으로 이들의 모습은 천태만상이었다. 이런 아이들을 선생님들이 데리고 가는 것은 보통 사람 보기에는 참으로 구경거리가 아닐 수 없었다. 남선생님도 계셨고, 여선생님도 계셨으나 학생들에게 제일 인기가 높고 말 잘 듣는 선생님은 역시 맨 뒤에 따라오시는 이 학교 교장이신 손 목사님이신데, 키는 학생보다 조금 클 정도이고 모자는 중절모자고 양복은 보통 양복인데, 다만 소풍 차림은 물통 하나 멘 것과 양말목을 양복바지 위에 올려서 양말대님으로 배놓은 차림 정도였다. 물론 학부형들도 따라오는 것이었다.
  이런 행렬은 부럽다기보다는 우습게보면서 구경나온 동네 사람들 중에는 지개를 진 채 선 어른, 어린애 업은 아이들과 먼데서 이삭 줍던 아이들도 물끄러미 쳐다보고, 기차를 기다리는 신풍역의 손님들도 눈길을 주고 있었다.
  높은 하늘은 개미실산 봉우리에서 끝이 나고, 가을바람은 들판에서 불어

온다. 단풍든 잎들은 새 소리에 놀라 떨어지고 몇 개 안 남은 감들이 겨울을 재촉하는 듯 붉다. 이런 경치를 보면서 가는 어린이들에게는 세상이 모를 기쁜 날이었으니 소위「사회에 나가보는 날」이라는 것이었다.

  일 년 열두 달, 삼백육십오 일, 어떤 날이 해 안 뜨고 별 안 나오는 날이 있으리요마는 비오는 낮, 바람 부는 밤은 싫고, 꽃피는 아침, 이 사회에 나가 보는 날이란 이 애들에게는 둘도 없는 즐거운 날이었다. 병이 발견되던 날이 저주의 날이라면, 집 떠나던 날이 방랑의 첫 날이라면, 이 사회에 나가보는 날은 고향을 다시 한 번 되찾는 날이다. 저주의 그 날이 복스러웠던 날이요 방랑의 그 날이 구원의 첫 날이었지만, 그래도 그 전 그 옛날이 그리운 마음을 그 누가 억지로 막으랴! 선생님들도 학생들도, 남자도 여자도, 얼굴과 사지가 다 다르고 형편과 처지는 다 다르면서도….

  『우리 '참 아름다워라' 부릅시다』하면서 앞에 선 어떤 여선생이 말을 하니 다 같이 부르기 시작했다. 이 노래, 저 찬송을 불러가면서 가는 이 학생들 중에는「하! 우리 목사님이 오셨다. 내가 기도했더니, 또 재미있겠지」하면서 따르는 학생들이 한둘이 아니었다. 가는 도중에 가끔 뒤를 돌아다보는 것은 목사님이 행여나 안 따라 오실까 해서 돌아다보는 것일까?

> 저 태산준령 넘어서 어머니 뵌다면
> 두 활개 훨훨 날아서 찾아를 가련만
> 어머니 계신 곳에는 태산은 없어도
> 이 원수 같은 나병이 막는 탓이라.
> 저 강과 바다 건너서 어머니 뵌다면
> 내 힘껏 헤엄쳐서도 찾아를 가련만

어머니 계신 곳에는 강 바다 없어도
이 원수 같은 나병이 막는 탓이라.

하면서 벌써 올라온 몇 아이는 앞에 산과 바다가 보이는 바윗돌에 둘러앉아서, 항상 부르는 노래의 하나를 함께 부르는데 눈에서는 자기들도 모르게 눈물이 흐르는 것이었다.

이곳은 개미실산 꼭대기이다. 아침 9시에 떠난 이 학생들은 십리 길을 거의 두 시간이나 걸어서 왔다. 산 밑까지는 줄을 지어 왔으나 밤 따먹고 좀 노라고 시간이 지났고, 이어서 이 꼭대기까지 오르는데 몇 번인가 미끄러지고 넘어져 가면서 올라왔다. 어떤 애는 미끄러지는 바람에 옷에 흙도 묻고 신발 끈도 끊어졌다.

손 목사님은 아이들에게 섞여서 이들이 손잡기 꺼려하는 것을 억지로 잡고는 밀고 끌고 하면서 올라왔다. 그것은 자기들이 자기들을 아는데서 오는 미안한 생각에서다. 그럴수록 손 목사님은 더욱 따뜻하게 잡아주니, 잡히는 순간에 그 아이들은 자기들을 낳은 아버지, 어머니의 손을 붙잡는 것 같은 애정을 느끼는 것이었다. 친부모라도 나병든 애들은 기르기 싫어서 이곳으로 보내는데 하물며 자기들을 낳지도 않은 손 목사님이며 내가 낳지도 않은 아이들인데….

『자, 인제 점심 먹읍시다. 다 각각 좋은 자리를 찾아가서 먹는데 지금 점심 식사를 위해서 교장 선생님께서 기도하시겠습니다.』하니 참새가 되었던 아이들은 모두 바위가 되었다. 들리는 기도의 음성은 제각기 저에게만 들려주는 기도소리 같았다.

『아버지 하나님! 천지를 창조하시고 산천초목을 주시고 춘하추동을 만들어 인간들로 하여금 그 아버지께 감사하며 살게 하셨건만, 죄 값으로 오는 인간의 무지가 오늘의 사회인데 주여! 우리를 다시 한 번 이 기회에 신령한 눈을 뜨게 하여 주시옵소서. 이 기회에 거룩한 주의 음성을 듣게 하여 주시옵소서. 우리를 부족함이 없게 하시는 목자여! 우리를 푸른 풀밭에 눕게 하소서. 잔잔한 물가로 인도하소서. 우리 영혼을 소생케 하시고 당신의 이름을 위하여 의의 길로 인도하시옵소서. 바라건데 사망의 음침한 골짜기에서도 해를 입지 않게 하소서. 우리 원수 앞에서 우리가 상을 받게 하소서. 이 시간에 우리를 당신의 놀라운 손바닥 위에 놓으셨으니 보이는 것, 들리는 것 느끼는 것, 모두가 감사와 찬송과 기쁨밖에 없나이다.

오 주여! 다시금 감사하옵기는 이곳에서 허락하신 육신의 양식을 취할 터인데 이 양식이 몸을 위해서나, 입맛을 위해서나, 배를 위해서 취하는 양식이 되지 말게 하옵시고, 주의 영광을 위해서 그 나라와 그 의를 구하고 생활하는데 쓰는 신령한 능력 얻기 위하여 취하는 음식이 되게 하시옵소서. 오늘 이곳에 올라온 우리들을 한 사람도 특별한 사고 없이 잘 지내다가 다시 우리 애양원에 돌아가게 하시옵소서. 예수 그리스도의 거룩하신 이름 받들어 감사하오며 간구하옵니다. 아멘』

아이들은 개미떼처럼 빨리, 개미떼처럼 뿔뿔이 흩어졌다.

『아, 그런데 나 밥 안 가져 왔는데 누가 나 밥 좀 줄까?』하면서 사방을 살펴보는 이는 방금 감사의 기도를 드린 손 목사님이시다. 그러나 누구 하나 「이리 오세요. 우리 것 같이 잡수세요」하는 이가 없다. 없어서 그럴까? 혼자 먹으려는 욕심으로 그럴까? 아니다. 그들은 각기 자기들이 가지고 온 것을 송두리 체라도 드리고 싶다. 그러나 잡수시라고 말을 못하는 것은 자기들이 자기들을 아는 까닭이었다. 그러나 누가 어떻게 생각했던 간에 손 목사님은 그 중에서도 제일 험상궂은 환자가 가지고 온 음식을 향해서 쫓아가신다. 그래서 그 애가 안 주려고 하는 것을 억지로라도 빼앗아서 함께 잡수시고 자기가 가져온 물병의 물을 나누어 주시는 것이었다.

「아이고 우리 목사님이 저러시다가 병이라도 옮으시면 어떡하나?」하는 이도 있는가 하면, 「저것쯤이야 보통이시지, 그야말로 중환자 방에 들어가서 병 때문에 진물이 난 자리를 만지시면서 머리에 손을 얹고 기도하시는데 뭐-」하고 얼마 전에 죽은 왕 선생 방에 들어가서 하시던 생각을 하는 이도 있고, 「아이고 이렇게 잡수어 주시니 내 이제 죽어도 한이 없다!」하는 이는 손 목사를 천사처럼 생각해서 천사 대접을 한 것같이 만족을 느끼는 이다. 일동은 이렇게 경탄과 환희 속에서 점심을 먹는 것이었다.

남쪽은 활짝 트인 바다를 건너 남해도가 멀리 방파제처럼 보이고, 바다 위를 달리는 범선이 두리섬 사이를 유유히 흘러간다. 맑게 개인 하늘에 갈매기가 몇 마리 배 뒤를 따르고 끊임없이 불어오는 서늘한 가을바람이 황금물결을 몰아 멀리 뵈는 뱃전을 씻는 듯싶다. 이 애양원 위에 보이는 바다는 바로 마당 앞같이 보인다.

『목사님 진지 잡수시면서 애들 독창 하나 안 들으시렵니까?』하면서 권하는 이는 성악가 이 선생이다.

『응? 왜 안 들어요. 누구 한 번 해보지?』하면서 독촉이시다.

『그래, 저 복순이 해 보아라.』하면서 부르니

『난 못해요』하고 사양을 하더니 목사님도 계시고 또 이런 곳에서 못하면 이다음에 후회할 것이라고 하니 마지못해 일어선다.

『삼천리 반도 금수강산 하나님 주신 동산』하고 제 힘껏 불렀다. 끝나자마자 한참 듣던 일동은 박수를 쳤다. 이 소리에 좀 떨어진 곳에서 음식을 먹던 선생님들도 학생들과 함께 모두들 이곳으로 몰려왔다.

이 복순이는 작년 봄에 애양원에 들어온 아이다. 초등학교 4학년까지 다니다가 문둥병이 있는 것이 판명이 되자 그의 부모가 이곳에 입원시켜서 치료를 받는 중이다. 그리 심하지 않아서 얼른 보기에는 모를 정도였다. 목소리도 고울 뿐 아니라 얼굴도 탐스럽게 생기고 공부도 잘하는 아이였다. 안 믿는 가정에서 자랐기 때문에 처음에는 기독교에 대한 것을 잘 몰랐으나 요즈음은 성경도 많이 외우고 기도도 드리고 찬송가도 잘 불러서 여러 동무들과 선생님들에게 귀염을 받는 소녀였다.

『아 그런데 목사님, 들으니 사회에서는 이 삼천리 반도 금수강산을 못 부른다지요?』하고 언제 이리로 왔는지 목사님 곁에서 음악가 조 선생님이 궁금하다는 듯이 묻는다.

『네, 못 부르고 말고요. 그 외에도 찬송가 중에서 못 부르게 하는 것이 많지요. "내 주는 강한 성이요" "믿는 사람들이 군병 같으니" 같은 것은 못 부르지요』

『참 별 세상도 다 되었습니다.』

이것은 중일사변이 생긴 후 승리에 승리를 거듭하는 일본이 일본 신도를 한국에 수립시켜서 한국 민족을 일본 사람처럼 되게 하려고 애쓰는 한 방법이었다. 특히 기독교에 대해서 급기야는 한국 교계의 최고봉인 총회에서까지 가결하도록 했던 것이다. 한걸음 더 나가서 성경도 고쳐라, 찬송가도 빼어라 하며 적극적으로 박해의 손길을 편 것이었다.

그런 중에도 한심한 것은 이 정책에 아첨해서 자진하여 성경을 고치고 찬송가를 빼겠다고 하는 소위 지도자들의 꼴이었다. 하나님보다 일본인들을 더 무서워하는 지도자들이었다. 그러나 아직도 그런 제한을 받지 않는 곳이 있다면 이 애양원 밖엔 없을 것이다. 이곳 애양원이란 남장로교 선교단의 전도사업의 일부인데 1909년에 광주 양림에서 시작된 나환자 수용소가 1925년에 이곳으로 이전해 온 것이었다. 처음에는 9명으로 시작된 것이 현재는 근 천명의 환자를 수용해서 그들의 생활을 도울 뿐 아니라 신앙적으로 인도하기 때문에 모두가 신앙적으로 살려는 데에는 여간 놀라지 않을 수 없었다.

그 중에 더러는 치료를 받아 다시 사회로 나가서 생활하는 이도 있고 대개는 일생을 이곳에서 보내는 이들이 많다. 부모를 떠난 어린애, 친구와 친척을 떠난 불행한 사람들, 사회에서 버림받은 증오와 멸시의 산 송장들, 얼굴에 팔에 다리에 여러 가지 모양의 병자리를 가졌다는 까닭에 그들은 모두가 인연 없는 동기요 부모 다른 형제요 호적 없는 가족들이었다. 신앙으로 하나가 된 큰 가족이었다. 그들은 새벽기도회, 각 가정기도회, 각 직장기도회를 보는 것은 물론이려니와 철야기도 하는 이들도 상당히 많은 것이었다.

성경읽기와 기도하는 것, 그들은 이 신앙생활이 음식이나 약 이상의 그 무엇을 주는 것이었다. 기도에서 살고 기도에서 죽으려는 것이었다. 눈을 떠도 기도요 눈을 감아도 기도였다. 그 기도 중에는 자기들의 불운을 통해서 회개의 눈물을 흘리는 기도도 있었지만, 자기네들을 버린 가족, 친척, 사회의 구원을 위해서도 성심성의껏 울면서 기도하는 것이었다. 또 신사참배로 해서 쓰러져가는 조선 교회를 위해서 침식을 잊고 기도하는 것이었다. 더구나 처음부터 일생을 이 사업에 바친 윌손 박사와 이 수용소 교회담당 선교사인 원가리 목사는 참 신앙적 인도자들이기 때문에 신사불참배로 문제가 되어 경남노회에서 문제 중인 손 목사님을 맞이해서 이 교회 식구들을 철저히 지도하게 하는 것이었다. 신사참배 문제로 해서 1937년엔가 일제시대의 교육기관인 학교들을 폐쇄 당했던 남장로교 선교사들의 신앙 역시 같은 지도 원리였을 것이다.

『목사님 그런데 이번 부흥회에는 어떠했습니까?』하고 여자 선생인 김 선생이 묻는다.

『네, 참 재미있었습니다. 감사한 것을 느낀 것은 강대상 뒤에다 붙여 놓은 일본 국기를 집회 시작하기 전에 떼어버렸는데 이것이 문제가 되어 경찰서에 몇 번 불려갔으나 결국은 내 이론이 맞아서 저희들 마음대로 못한 것입니다.』

『무엇이라고 하셨습니까?』

『국기라는 것은 집 앞에나 달아서 국민의 국가에 대한 경의를 표하거나 외국에 다니는 선박이 자기 국적을 알리는 데 쓰는 것이지, 교회 속에 붙여놓고 절하게 하기 위한 것은 아니다. 이는 마치 자기 이름을 써놓은 문패를 보고 절하라는 것이나 똑같다. 만일 국기경배만이 애국지사의 할 짓이라면 장터 술주정뱅이도 애국지사가 될 수 있고, 악질 경제범도 우국지사 노릇을 할 수 있고, 축첩을 일삼는 인물도 혁명가 노릇을 할 수 있다. 그러나 그런 짓은 아예 시키지 말라고, 그러다가는 일본이 불원간 망하리라고, 더구나 다른 사회는 몰라도 기독교에는 그것이 우상 숭배화 할 염려가 있는 것으로 십계명에 위반되는 것이니 집회를 못할망정 그렇게 할 수 없다고 하니, 아마 몰라도 시골 경찰서라 그랬는지, 또 그 교회 장로가 서장과 친분이 있어서 그랬는지는 모르나, 나는 하나님께서 역사하신 줄로 믿는데 예정대로 집회를 하게하고는 하는 말이 「이 다음부터는 저런 목사를 절대로 청해서 집회하지 마시오」하더라나요?』『하하하…』하고 웃으신다. 일동이 『하하……』하고 배꼽을 쥐고 웃는 것은 그 부흥회도 부흥회려니와 말씀하시고는 힘 하나 없이 웃으시는 목사님의 어린애 같은 태도 역시 우스워서였다. 그러나 한편 그들은 불구자이므로 나가서 전도하지 못하는 대신으로 손 목사에게 전도를 해 달라는 만큼, 마음에 느끼는 기쁨은 자기네들이 올리는 기도의 응답으로 이 일이 되어진 것으로 믿고 감사함을 하나님께 돌리는 것이었다.

『우리 다 같이 삼천리 반도 한 번 힘 있게 불러 봅시다.』하고 손 목사님 말씀에 용기를 얻은 김 선생이 제의를 하자,

『자 다같이 힘 있게 부릅시다.』하고 모두를 불렀다.

삼천리 반도 금수강산
하나님 주신 동산
삼천리 반도 금수강산
하나님 주신 동산
이 동산에 할 일 많아
사방에 일꾼을 부르네
곧 금일에 일가려고
누구가 대답을 할까
일하러 가세 일하러 가
삼천리 강산 위해
하나님 명령 받았으니
반도강산에 일하러 가세

참으로 일꾼을 기다리는 삼천리 반도 금수강산을 향하여, 앞에 뵈는 바다를 향하여 외치는 이 불구자들의 찬송가는 한편 찬송이라기보다는 호소였다.

남선생도 느꼈고, 여선생도 느꼈다. 어른들도 느꼈고, 학생들도 느꼈다. 모

두들 느꼈다. 이 호소의 노래 소리가 바람을 일으켜 한국을 향하여, 세계를 향하여 바닷물결을 일으킬 줄을 홀로 하나이신 하나님 이외에 그 누가 알았으랴!

# 제 2 장

# 손과 발이 묶이다

『여보 손 목사! 여기 있는 이 조서(調書)는 당신과 나와 문답한 사실인데 내가 읽을 터이니 한번 들어 보시오.』하면서 전라남도 경찰부에서 내려온 가루베 형사는 한참 신이 나서 조서를 읽는다. 하루 읽고 이틀 읽고, 읽다 다시 고치고 하면서 팔일 만에 겨우 끝이 났다. 이것은 손 목사를 기소할 5백여 면이나 되는 조서였다. 팔일 만에 끝마친 형사는 큰 짐을 벗었다는 듯이 담배를 하나 꺼내서 물더니 불을 붙이고 나서

『여보 손 목사, 참 수고했소. 그런데 이제는 다 끝이 났으니 당신 여기에 지장이나 찍구려.』한다. 손 목사님은 이 지장 찍으란 말에

『그건 무슨 뜻으로 찍습니까』하고 물으니

『이것이 당신의 말이 분명하다고 찍는 것이오』한다. 이 말에 손 목사님은 깜짝 놀라시며

『그렇습니까? 그러면 나 지장 못 찍겠습니다』하니 이 말에 더 놀란 형사는

『무엇?』하며 소리를 왈칵 지른다. 입에 물었던 담배가 뚝 떨어진다.

『그것은 내 말이 아니오』하고 대답을 하니 형사는 벌떡 일어선다.

『이 손 목산가 발 목산가 정신이 있나 없나? 열 달 동안 유치장에 있더니 정신이 돌았나?』하더니

『그럼 이게 내 말이야?』하면서 금방 때릴 듯 살기가 등등했다.

『아닙니다. 그것은 내 말도 아니지만 당신 말도 아닌 것이오.』하니 눈을 똑바로 뜨고 쳐다보던 형사는 책상을 탁 치면서

『이런 정신 빠진 사람 보았나. 말을 하나 먹나?』하며

『그래 그럼 누구 말이란 말이야?』하고 상당히 흥분된 얼굴이다.

어떤 쪽이 정신이 있는지 모를 일이다. 그러나 얼굴 빛 하나 조금도 변하지 않고 바라보는 손 목사님은 마치 발길로 차면 십리 밖에 떨어질 것같이 작고 파리해 보인다. 머리는 더벅머리처럼 길고 수염은 왕 서방처럼 자랐다.

『네, 그것은 전부가 하나님의 말씀입니다.』하면서 냉정하다. 딱 손이 올라갔다.

『그래 이 자식아, 그러면 네가 하나님이란 말이냐?』하면서 다시 또 때리려는 것을 여전히 꼼짝 안 하시니 차마 이제는 때리지는 못했다. 저쪽에 앉은 다른 형사들도 이 광경을 쳐다본다.

『내가 하나님이란 말이 아니라 나는 하나님의 말씀을 대변했을 뿐입니다. 너무 흥분하지 마시고 성경을 갖다 주시지요. 내가 가르쳐 드릴게요.』

온유한 손 목사님의 말이다.

『그래 어디 말 좀 해봐라.』하면서 성경을 주니 손 목사는 일일이 찾아서 읽어주는 것이었다.

서기 1910년 합방이라는 이름 아래 우리나라는 국가적으로 부끄러운 식민지가 되었다. 삼천만 민족은 내 나라 내 집안에서도 모든 자유를 빼앗기고 말

았다. 왜정의 악독한 정치와 식민지 교육은 세계 어느 민족도 경험하지 못하고 어느 국가도 치루지 못한 착취와 탄압과 투옥과 살육을 감행하였으며, 민족의 문화와 재산은 물론 성명까지 모조리 말살해 버리려던 것이었다. 그러던 중 최후의 발악으로 신앙의 자유까지 여지없이 짓밟고자 하였던 것이다.

일본은 신의 나라이니, 천황은 사람이면서 신이니, 신사참배는 국민의식(國民儀式)이니 해서 민족을 달래고, 속이고, 위협을 하였다. 신앙의 위기가 다가옴을 본 양심적인 신앙선배들은 신앙 사수의 제물이 될 것을 결심하고 정의의 진리운동을 전개했다. 여러 조직적 운동도 있었지만 그보다도 개인 신앙으로 하는 투쟁이 더 열렬하였던 것이다.

그 중에 한 사람인 손 목사님은 이 애양원에 와서 기회 있는 대로 모든 집회를 통해서 반대하며, 한편 이 불우의 애양원 식구들에게 그 신앙력을 넣어 주기에 여념이 없었던 것이다. 여수 애양원에서 1940년 9월 25일에 여수 경찰서 형사들을 대동한 전라남도 경찰부 가루베 형사에게 검속되어 온 후 10달 동안을 시달리면서 조서 작성에 전적으로 협력을 했다. 그것은 손 목사님 자신이 지금껏 예수 믿지 않는 사람에게 공석에서나 사석을 막론하고 전도할 기회가 많았으나, 경찰서나 검사국이나 형무소 관리들을 상대로 하는 전도는 한 일이 없었음을 심히 유감으로 생각한 바가 있었다. 그래서 이 기회를 이용하여 전도할 결심을 하고 형사들과의 문답은 전부 기도하는 마음으로 그들이 잘 모르는 것은 가르쳐 주어 가면서 기독교의 성서관, 신관, 세계관, 국가관, 말세관, 재림관 등을 기록해서 조서를 만들었던 것이다. 그러므로 손 목사님 자신의 죄목과 죄제로 구성의 불리한 조문일지라도 진리 해명과 전도에 유익한 것이면 그대로 다 인정했던 것이다. 그래서 가루베 형사는 손 목사님이 부족한 사람이거나 아니면 자기의 취조방법이 우수함인 줄로 알고,

신이 나서 8일간을 소비해서 그동안 문답한 것을 모두 정리하여 끝마치려고 하는데, 「하나님의 말씀이니 지장을 못 찍겠소」하니 화가 머리털 끝까지 나는 것도 무리는 아니었다. 그러나 결국 법은 멀고 주먹이 가까운 일제시대요, 이론이 쓸데없는 경찰서인지라 죄는 성립이 되어 기소를 당했던 것이다.

마침내는 극도로 쇠약해진 건강으로 인해서 검사의 동정을 받아 보석을 할 수 있는 기회도 있었으나 신앙에 조금도 굽힘이 없어서 1년 6개월의 언도를 받아 복역케 되었던 것이다.

『저 사람의 사상이 바꾸어질 희망이 있소? 요사이는 그 사람의 태도가 어떠하오? 신사참배도 잘 하오?』 이렇게 손 목사님을 호송해온 간수에게 요다 검사가 물을 때 간수는

『네, 신사참배도 할 뿐 아니라 요사이는 성적이 대단히 양호합니다.』하고 대답을 했다. 이 문답을 듣던 손 목사님은 곁에서 얼른 말하기를

『아니오, 신사참배는 해본 일이 없습니다.』하고 간수의 대답을 부정해 버렸다. 이 말을 들은 요다 검사는 간수와 손 목사님을 번갈아 보았다. 요다 검사 생각엔 저런 못난 고집쟁이가 있나 싶어서였다. 비록 간수의 말이 거짓말이라고 해도 자기에게는 유리한 대답일 터인데 저렇게 부인을 하니 저런 인간이 도대체 어디 있나 싶어서일 것이다. 간수도 손 목사님을 기막히다는 듯이 한 번 쳐다보고는 무슨 말을 해야 할지 몰라서 얼굴이 붉어졌다. 손 목사님은 그저 태연한 모양이시다.

광주(光州) 형무소에서 복역한 후 세월은 흘러 1년 반 형기는 가까워 오게 되었으니 집을 떠난 지 30개월이 거의 되어가는 때다.

80노부의 안부가 어떠하며 만기를 고대하는 처자와 형제들이 오죽 보고 싶었겠는가! 이렇게 되어가는 때 요다 검사는 그의 신앙사상을 타진해 보려

고 와서 그 강경한 태도만 좀 꺾이었으면 출옥시키려고 했던 것인데 대뜸 이 문답에 기분이 상한지라 가져왔던 서류를 책상에 던지며

『당신 집을 떠난 지 벌써 3년째 되는데 부모 형제 처자도 안보고 싶고 집에도 안 가고 싶소? 이제는 만기도 다 되어가니 앞으로 사회에 나가면 과거에 가졌던 쓸데없는 고집을 청산하고 종교보국에 힘써야 되지 않겠소?』하면서 동정의 설유(說諭)를 했다. 그러나 손 목사님 귀에는 들어오지 않았다.

『고맙습니다. 여러 가지로 염려해 주시니, 그러나 저는 과거나 현재나 조금도 변함이 없습니다.』하며 그 얼굴은 약간 흥분된 듯했다. 요다 검사는

『허허허허…』하면서 멸시하는 어조로

『당신 3년간 고생은 헛고생 했구려!』한다.

『네, 그래서 1년 반 전에 당신과 문답할 때 말하지 않았습니까? 기독교 신앙은 고난을 통해서만 밝아져 간다고 말입니다. 그러니 나를 옥중에 가둠은 내게는 유익이요, 내게는 큰 축복이니 내가 헛고생한 것이 아니라 나를 가둔 당신네들이 헛수고 한 것입니다』했다. 이 말을 들은 검사는 하도 어이가 없다는 듯이

『잔소리 말아, 그렇게 방정스런 소리하면 만기되어도 출옥은 고사하고 구금소(拘禁所) 신세를 지게 될 것이니…』하면서 다시

『뎅고(轉向) 해야지 나간단 말이야』하고 빈정대는 어조이다.

『검사는 뎅고가 문제이지만 나는 신고(信仰)가 문제이외다.』하면서 자기도 재미있는 말을 비교시켜 한 것이 우스워서 웃음이 나오는 것을 꾹 눌러 참고 시침을 뚝 떼는 것이었다.

『당신 그만 종알거리시오. 당신 그러면 정말 구금소로 가는 것이오』하면서 위협한다.

『네, 좋습니다. 집에 가도 예수와 같이 살 것이요, 구금소에 가도 예수와 함께 살 것이요, 예수와 함께 살 바에야 아무런들 상관있겠습니까』하고 대답을 하니 어이가 없는지 검사는

『당신은 보기에는 곧 죽을 것같이 보이는데 말은 어디서 그렇게 나오는 것이요』하면서 조롱하듯 말하고는 그만 들어가라는 것이었다.

요다 검사는 그렇게 해서 손 목사님을 구금소로 보내는 것이 제일 상책이라고 내정을 해 놓은 것이다. 구금소라는 곳은 사상 전환이 될 때까지 두는 일종의 종신 형무소인 것이다.

『될 대로 될 것이니 오직 주께 영광 되는 일이라면 따르리이다.』이렇게 결심을 하고 자기 감방으로 돌아가는 길에 손 목사님은

『여보, 감수님! 검사 앞에서 당신은 나를 위해서 동정적으로 말씀해 주신 데 대해서는 무한한 감사를 드립니다. 그러나 그 말이 내게는 가장 중대한 문제이기에 그렇게 한 것입니다. 내게는 출입이 문제가 아니라 신앙이 문제이기 때문입니다. 내가 그때에 묵인한다는 것은 일종의 시험일 것이니까요.』하면서 설명을 하니

『내 보기에는 당신 같은 성자가 옥중에서 고생하는 것이 차마 볼 수가 없어서 그랬던 것이요. 당신의 입으로 그런 대답을 못할 줄 알았기 때문에 내가 대신해서 출옥하실 수 있도록 하기 위해서였는데 당신의 생사 문제라고 하니 내가 검사 앞에서 미안한 것쯤이야 문제되지 않겠지요.』하면서 오히려 미안했던 것처럼 말을 한다. 그것은 간수들도 손 목사님에게 많은 존경을 표하는 것이었던 까닭이다.

그래서 1943년 5월 17일은 손 목사님의 만기 출옥일이었으나 그런 이 날을 경성 구금소로 다시 가기로 된 날이 되고야 말았다. 여수 경찰서에서 광주

형무소로, 광주 형무소에서 경성 구금소로, 경성 구금소에서 청주 구금소로 이렇게 옮기면서 해방될 때까지 6년간(만 5년간)을 가정과 사회를 떠난 손과 발이 묶인 옥중생활을 하셨다. 그러나 그 생활이 결코 구속받는 부자유의 생활이나 고난 받는 속박의 생활로 알지 않으시고 감사와 기도의 생활로 일관하셨다.

한편 손 목사님이 옥중에서 지내시는 동안에 그의 가족들이나 애양원 신도들은 어떠한 생활을 했던 것인가?

우선 손 목사님이 광주 형무소로 가시게 되자 새로 부임한 일본인 안도 원장은 손 목사님의 가족들에게 사택을 비워달라는 통고를 하고 여러 차례 독촉을 하는 바람에 부득이 광주로 이사를 갈 수밖에 없이 되었다. 때는 1941년 봄이었다.

그러나 애양원 교회에서 원장 몰래 주는 돈 700원을 가지고 다섯 식구가 생계를 계속하기에는 너무 부족하여서 먼저 할아버지는 광주에서 평양으로, 평양에서 부산으로 또 만주 할빈의 둘째 아드님 댁으로 가시게 했다. 얼마 후에는 광주에서 가정마다 가미다나를 모시라는 등살도 있고 해서 부산으로 이사를 가서, 동인이와 동신이는 백일(白日) 상점이라는 데에서 심부름을 하고 통공장(通工場)에서 직공노릇을 해 가면서 돈을 벌어 집안 살림을 돕고 있었다.

그러다가 전쟁이 더욱 심해질 무렵 동인이가 갑종 합격으로 징병을 당하게 되자 군대에 들어가면 신사참배를 당할 것 같아서 그 가족들을 해산하기로 했다. 동희와 동장이는 구포 고아원에 데려다가 맡기고, 동인이와 동수는 사모님과 함께 남해도 산중으로 기도하러 들어가고, 동신이는 애양원에서 신앙의 자유를 찾아 하동군 옥종면 북방리에서 구걸생활을 하고 있는 성도들을 찾아 가서 8·15해방 때까지 그들을 도우면서 지냈다.

   한편 윌손 박사와 원가리 목사가 떠난 후에 일본 사람 안도 원장이 들어오고 나더니, 애양원 사무실에 외부 직원도 여럿이 바뀌었다. 물론 그들은 기독교인이 아니었다. 따라서 애양원은 이미 신앙의 자유를 유지할 수 있는 낙원은 아니었다. 예배나 기도회 때마다 소위 국민의식을 행하는 것을 반대해 보았으나 그 의식을 빼 놓고는 예배를 못 보게 하므로 하는 수 없이 그렇게 하기로 했다. 그러나 교회 제직 중 일곱 사람은 이 일에 강경히 반대하고 나섰다.
   한 번은 이런 일이 있었다.
   손 목사가 구속당한 후 그의 설교 기타 여러 가지 조사차로 여수 경찰서 형사 몇 사람이 애양원에 와서 그의 신앙을 알아보기 위하여 지도받은 애양원 교회 직원 몇 사람을 불러다가 손 목사가 그동안 한 설교 등을 물은 다음에
   『당신들은 어떻게 믿소?』하고 그들의 신앙을 물어보니 말하기를
   『우리도 손 목사님의 신앙이나 똑 같습니다.』했다. 그래서 여러 가지 문답을 하는데 말세관, 재림관, 심판관을 물어가던 중
   『그러면 일본도 불의 심판을 받겠는가?』하고 물으니
   『그럼요, 받고 말고요.』하고 조금도 주저하지 않는다.
   『그러면 천황폐하께서도 그 심판을 받으실 것인가?』하고 가장 최후적인 또 최고적인 질문을 했더니
   『그렇고 말고요. 천황폐하도 예수 안 믿으면 바싹 타겠지요!』하고 정기재(鄭基載) 장로가 서슴지 않고 대답을 했다.
   『무엇?』하고 대답이 끝나기도 전에 소리를 지르는 형사들은 말할 것도 없지만 곁에 섰던 제직과 직원들의 등에서도 진땀이 나는 것 같았다. 형사들은

금방 무엇이든지 있으면 들어서 때릴 듯싶었다. 그러나 차마 손으로 때리거나 발길로 못 차는 것은 그가 나병자라는 것이기 때문이리라. 그대신 팔딱팔딱 뛸 것처럼 얼굴이 빨개지면서 발을 구르며 야단들이다.

『저런 불경스런 놈이 있나? 천황폐하께!』하니

『여보시오, 불경스러우면 아예 묻는 것이 틀리지 않았소?』하고 쳐다보는 얼굴은 정상 아닌 얼굴이나마 정색한 얼굴이다. 입은 비뚤어졌어도 말은 바로 했다는 격인가!

좌우간 이렇게까지도 굳은 신앙의 생활을 하는 이들이니 원장의 요구쯤이야 문제도 안 삼았다.

따라서 신사참배나 국민의식을 당하고 애양원에 있는 것보다는 걸식을 할지언정 다른 데로 나가서 신앙의 자유를 얻고자 나선 이들도 있었다.

그래서 애양원을 떠나서 하동군 옥종면 북방리 산중을 피난처로 삼아 움막을 짓고 지낸 이들도 생겼다. 그들은 자기들의 생활을 할 뿐 아니라 곡식 같은 것을 거두어서 광주로 이사 간 손 목사님 가정을 돕기로 했던 것이다. 그뿐 아니라 때로는 동인이나 동신이가 피신할 때 가서 지내는 곳도 되었었다.

옥중에서 거래된 서신을 통해서 그 형편을 더욱 잘 알 수도 있다.

① 서기 1942년 6월 13일(소화 17년)

동인 군에게(부산 범일정에) 여전히 건전하다니 하나님의 크신 은혜에 감사드리며 박 집사님도 안녕하시다니 더욱 기쁘다. 문안까지 살펴다고. 내 일행이 동무와 같이 네가 옮기게 된 것도 이 역시 하나님의 뜻인 줄 알고 범사에 감사한다. 그러나 학교 입학을 못하고 공장에 들어가 돈을 번다는 것이 좋기도 하고 고마운 말이나, 너의 연령을 생각한다면 돈보다 더 공부할 시기임을 잊어서는 안 된다. 돈은 다음에도 벌 수 있으나 공부할 때를 놓치면 나이를 먹은 후에는 공부하기 어렵다. 만사가 다 때를 놓치면 못쓰는 법이다. 그러나 기왕 늦었으니 내년을 기약하고 그간 일하고 남은 틈에도 공부를 부지런히 하여라. 옛날 유명한 대 선생들도 빈곤하여 공부할 수가 없어서 주경야독(晝耕夜讀)하여, 즉 낮에는 밭을 갈고 밤에는 글을 읽어서 출세 입신한 유명한 사람이 많이 있었으니 너도 근본은 기도와 성경이나 다음에는 좋은 책을 구하여 자습을 꼭 하여라. 공부하기에 좋은 시기를 놓치지 말 것을 꼭 잊지 말아라. 만약 때를 놓친다면 후회하게 될 것이다. 그리고 무엇보다 더 좋은 것은 신앙의 위대한 인격생활을 힘쓰라. 죄를 범치 않아야 되나니 죄를 지으면 죄의 종이 되는 법이다. 범죄하고는 신앙의 위대한 인격자가 못되는 것이다. 죄는 어릴적부터 절대로 시작, 계속되지 않아야 되나니 어릴 때 배우게 된 죄의 버릇은 장성한 후에는 도저히 고쳐지지 않게 되나니라. 아버지 말 잘 듣고 깨달아 꼭 삼가 수양하기를 아버지는 간절히 기도하면서 바라고 있으니, 동인아 부디 아버지가 고대하고 있는 좋은 사람이 되도록 크게 힘써라. 네가 장래에 부모에게 호의호식으로 잘 봉양하는 것보다 더 네가 훌륭한 사람 되기를 아버지는 큰 기대를 가지고 있다.…….

② 서기 1942년 8월 13일(소화 17년)

동인 군에게(부산 범일정에)

　상략……너의 종종 보내주는 편지로써 많은 위로를 받게 되어 감사하다. 그런데 네가 한 달에 23원을 받아 가지고 20원을 집에 보낸다니 너는 어떻게 먹고 입게 되는가? 너무도 무리의 경제를 하지 말아라. 너는 한참 잘 먹고 발육할 시기니까 배불리 잘 먹어야 건강한 몸이 되는 것이니 지혜 있게 하라…….

③ 서기 1943년 2월 15일(소화 18년)

옥종산(玉宗山) 신도들에게

상략……밤이 지나면 낮이 오는 법이요, 겨울이 지나면 **따뜻한** 봄이 오게 되는 것이오니 광명한 낮을 맞이하기 위하여 어두운 밤을 겪지 않을 수 없는 것이요. 양춘가절을 위하여 엄동설한에 고생을 참고 견디지 않을 수 **없겠지**요.……불평하는 자는 천하를 다 얻어도 오히려 불평할 것이요, 자족을 느끼는 자는 한 줌의 밥과 한 잔의 물에도 기쁨이 있으리라.……그러므로 모든 염려를 주께 맡기고 범사에 기뻐하며 항상 즐거워하사이다. 근심은 만병의 근원이오나 즐거움은 백병의 양약이옵니다.

누이 양선의 말이 4월경에 면회 오고자 한다고 하오나 물론 이유를 말하면 면회할 수 있겠으나, 5월 17일에 바로 옥문 밖에서 반갑게 만나게 될 터이니 공연히 시간과 돈이 허비되겠으니까 그만 두시고 그저 기도로 믿고 구하면 될 것뿐이외다.……

④ 서기 1943년 6월 8일(소화 18년)

아버님 전상서(부산 범일정에)

상략……세월을 주름잡아 굴지대망(屈指大望)하시던 5월 17일에 얼마나 놀라시며 근심하셨나이까? 불초 양원은 무슨 말로써 어떻게 위로를 드리리요. 아무 도리 없사옵고 다만 믿기는 아브라함과 욥 같으신 반석 같은 그 신앙으로써 위안과 복을 받으소서.

5월 20일에 예방 구급소로 갈 결정 언도를 받았습니다. 그래서 6월 2일에 소송할 수속으로 항고서를 복심법원(覆審法院)에 수속 하였습니다. 이는 불평의 감정이나 고(苦)를 면해 보려는 것보다 더 성경교리를 증거 하려는 것 뿐이올시다. 아마 이달 20일경이나 그믐 안으로 대구에 가면 8월 중으로 끝이 나서 경성 구금소로 가게 되겠습니다.……. 운운

⑤서기 1943년 8월 18일(소화 18년)

동인 모친전(부산 범일정에)

병고 중에서 얼마나 신음하십니까? 이 같은 염천(炎天)에 고열도 심한데 가중병고(加重病苦)하니 설상가상(雪上加霜)이외다. 그러나 신애(信愛)와 진리는 기후와 환경을 초월하니 안심 하소서. 꽃피고 새 우는 양춘가절에만 신애가 있을 뿐 아니라 백설이 분분한 엄동혹한 중에도 하나님의 사랑은 여전하며, 오곡백과가 성숙하는 가을 9월에만 하나님의 사랑이 있을 뿐만 아니라 한천출배(汗泉出盃)를 이루는 이 같은 염천에도 하나님의 사랑은 여전하며, 금전옥루(金殿玉樓)에서 산해진미(山海珍味)를 먹어 하나님의 사랑을 찬미할 뿐 아니라 수간두옥(數間斗屋) 속에 기한(飢寒疾故) 중에서도 신의 사랑을 찬양할지니 항상 기뻐하시고 범사에 감사하소서. 당신의 신앙이 능히 병고를 극복할 것을 믿고 나는 안심합니다.

아버님, 나는 솔로몬의 부귀보다 더 욥의 고난이 더욱 귀하고, 솔로몬의 지혜보다 더 욥의 인내가 더욱 아름다워 보입니다. 그것은 솔로몬의 부와 지혜는 나중에 타락의 매개(媒介)가 되었으나 욥의 고와 인내는 최후의 영화가 된 까닭이외다. 사람의 영화는 최후를 보아서 알고 참다운 지혜는 죄악을 떠남이 참다운 지혜이겠나이다. 안심과 희락은 만병의 보약이오니 모든 염려는 주께 맡기시고 부디 병석을 떠나소서.……. 운운

# 제 3 장

# 죽어서 말하는 할아버지

『일본이 손을 들었단다.』

『정말이냐?』

『일본이 망했단다.』

『참말이냐?』

『조선이 독립이 된단다.』

『아- 그 참 정말이냐?』

해방의 종, 자유의 나팔이 드높이 삼천리 반도에 들려온 1945년 8월 15일-
조국 광복에 일생을 바쳐 천신만고 싸우던 자 그 누가 이 날에 감격의 눈물을 흘리지 않았으랴마는, 일본 학정 밑에서 36년간 신음하던 자 그 누가 좋아 뛰지 않았으랴마는, 그 중에도 기뻐 울고 뛰고 싶은 이들은 일생을 옥중에 갇힌 몸으로 보낼 줄 알았던 소위 사상범 죄수들일 것이요, 주를 위하여 신앙의 자유를 위하여 뿔뿔이 헤어졌던 가족들을 다시 만나는 옥중 성도들인 것이다.

역사는 흐른다. 물결처럼 흐른다.

**역사는 변한다. 구름처럼 변한다.**
**역사는 되풀이 한다. 흐르면서 변하면서!**

시일은 가고 역사는 지나서 벌써 6년이 지나서 해방이 되었다.
한 살이던 동수는 여섯 살이 되고, 다섯 살이던 동장이는 열 살이 되었고, 동희는 벌써 여학생같이 보이고, 동인이는 어른처럼 자랐다.

지나간 6년간은 감개무량한 6년이다.
압박의 6년간이나 성장의 6년간이었고
고난의 6년간이나 승리의 6년간이었다.

오늘은 1946년 4월 13일 밤이다.
동희, 동장이는 구포 고아원에서 찾아오고,
동신이는 옥종면 북방리 산중에서 돌아오고,
동인이와 어머니는 남해 산에서 기도하다 다시 나오시고,
아버지는 청주 구금소에서 살아 나오시고,
전쟁 전에 울면서 떠나갔던 월손 박사도 다시 찾아오고,
안도 원장에게 쫓겨 갔던 불구의 투사들도 돌아오고…….

이렇게 신앙을 위하여 싸우다가 뿔뿔이 헤어졌던 모든 식구들과 친구들이 다시 옛 집, 옛 고향을 찾아든 지 9개월이 되었건만 75세의 고령으로 옥중에 있는 아들을 위하여 기도를 끊이시지 않고 격려의 편지를 쉬시지 않으시던 할아버지 손 장로님은, 만리이역(萬里異域) 할빈에서 고혼(孤魂)이 되시었으

니 돌아오실 수 없는 할아버지이시다.

때는 해방의 기쁜 소식이 들려오기 조금 전 1945년 4월 13일 이었으니, 오늘은 일주년을 맞는 추모의 밤이다.

만물은 봄을 맞이해서 소생한다.
뜰 앞에 늙은 소나무 속에서도 새 순이 돋는다.
강남 갔던 제비들도 옛 집을 찾아든다.
그러나 다시 돌아오실 줄 모르는 할아버지!
뒤 뜰의 꽃밭, 앞뜰의 닭장은 지난날 할아버지의 일거리였고, 뒷산의 소나무 밑, 방안의 책상 앞은 지난 날 할아버지의 기도의 장소였다.

그 동네, 그 집, 그 방안, 그 책상 앞에서 머리를 깎으신 할아버지의 사진을 바라보며, 옛날을 추모하고자 둘러앉은 무리들이 석유 등잔 불 밑에 반씩만 보인다.

집안 식구 외에 몇 사람들이 식구들과 함께 모여서 간단하게 추모 예배를 보는 것이었다.

『할아버지께서 상투를 자르시고 머리 깎으신 날은 1909년 4월 13일이고, 믿기 시작하신 날은 1909년 5월 2일이고, 학습 받으신 날은 1910년 1월 10일이고, 세례 받으신 날은 1910년 12월 17일이고, 그날 동시에 시무 집사로 피택 되시고, 영수피선은 1914년 3월 18일이고, 장로 피택은 1919년 1월 5일이고, 새벽기도회 시작하신 때는 1925년 2월 20일부터인데 그 뒤는 꼭 새벽기도를 안 빼놓고 하셨습니다.……. 운운』

이렇게 손 장로님의 신앙 이력을 동인 군이 읽게 되었다.

이 이력에 특히 감명이 깊은 것은 상투 자르시던 날이 지금부터 37년 전 오늘이었구나 하는 것이었다. 37년 전 상투 자르시던 날, 세상과 인연을 끊어버리시고 하나님 나라에 가신 것이었다.

『장로님께서는 동인이가 그 유골을 모시러 만주로 갔을 때 들은 바에 의하면, 작년 이날 아무 고통도 없이 점심을 잡수신 후 손자들과 같이 일광을 쪼이시다가 저녁 때 자기 침실로 들어가시면서 「내가 기도할 터이니 불을 좀 방에 많이 때어라」고 부탁하신 후 들어가시어서 천정의 줄을 붙잡고 기도하시다가 기도하시는 자세로 돌아가셨습니다.』

이렇게 추모사를 드리는 이는 황 선생이었다. 그녀는 이 집의 식구처럼 살았고 또 전쟁 중에 이 집안 식구를 위해서 심신을 바쳤다는 것도 있겠지만, 손 장로님이 애양원에서 광주로, 광주에서 평양으로, 평양에서 부산으로, 부산에서 또 만주 할빈으로 이렇게 연로하신 몸을 이끌고 고생당하는 자녀들과 함께 유리하실 때에 하와이에 사는 딸을 생각하는 대신으로 딸 같은 일을 하고 또 그 사랑을 받았다는 인연이 있는 까닭에 추모의 말씀을 드리게 된 것이다.

『이 기도의 할아버지의 신앙일화는 수없이 많으나 그중 몇 가지를 기억나는 대로 말씀드리겠습니다.』하는 황선생의 눈에는 자신이 만만한 기분이다.

『먼저 그의 입신은 전도용으로 발간되는 「그리스도 신문」에 기재된 「예수는 하나님의 독생자」란 말에서 일 년 동안을 두고 생각하시기를 〈하나님에게 어찌 이 인생들처럼 아들이 있을까?〉하시다가 그 사실을 알기 위하여 교회출석을 하기 시작하신 것이랍니다. 알기 위해서 교회에 나오시기 시작할 때는 38세이셨다고 합니다. 그래서 일단 믿기 시작하신 후에는 그 신앙생활이란 철저하셔서 과거의 생활과는 전연 다른 길을 취하셨습니다. 그로 인해서 집안 식구에게와 종가(宗家) 친척들에게와 동네 사람들에게 받으신 핍박과 고난이란 이루 말할 수 없었습니다. 그러나 끝까지 참고 견디면서 지내시는 동안에 결국은 집안 식구들은 물론 또 친척들까지도 이해를 하게 되었습니다. 이러한 입신과 이러한 신앙력을 가지신지라 그의 일상생활은 철저히 신앙적이었습니다. 실화를 말씀드리면 입신 당시에 일반적으로 가진 완고한 봉건사상으로, 신체발부(身體髮膚)는 수지부모(受之父母)라 인간이 스스로 바를 수 없는 것이라고, 모든 양반들이 위하고 귀중히 여기는 상투를 잘라 버리시고, 믿는 것을 반대하던 장로 부인께서 안 계신 틈을 타서 조상에게 제사 드릴 때 쓰던 기구를 전부 불사르고, 성묘하기 불편한 곳에 있는 장로님 형님의 묘를 날도 받지 않고 마음대로 이장을 하셨다가 친척들에게 두들겨 맞으셔서 한 달 이상을 앓으셨으나 그들을 원망도 않으시고, 연보하실 때는 있는 대로 모조리 바치는 그런 어른이셨습니다. 이 모조리 바쳤다는 데 대해서는 이런 일도 있었습니다.

때는 일본 동경에 진재(震災)가 있던 해 1923년 봄이었습니다. 장로님이 섬기시던 칠원읍 교회에서는 유명하신 길선주 목사님을 모시고 교회당 건축을 위하여 부흥회를 하였습니다. 한 주간 동안 집회를 마친 후에 예정했던 대로 건축 연보를 적을 때였습니다.

동네라고 해야 4, 5백호밖에 안 되는 곳에 있는 교회는 교인 수라야 7, 8십 명밖에 안 되는 교회이니 신축을 위한 연보가 넉넉히 나올 리가 없었습니다. 교인들은 대개가 가난한 사람들이었고 제일 넉넉한 이가 장로님 댁이었습니다. 연보를 적을 때에 손 장로님은 일어서서 말씀하시기를

「내가 가지고 있는 논 다섯 마지기 중에 세 마지기를 바치겠습니다」하였습니다. 그리고 나서 몇 사람 다른 이들이 약간 적은 후에 손 장로님 부인 차례가 되니 일어서서 말씀하시기를

「내가 이집에 들어온 후에 장로님과 같이 노력해서 늘려 놓은 논이 두 마지기나 되었는데 나는 그 두 마지기를 바치겠습니다.」고 하셨습니다.

자 이러고 보니 믿지 않는 친척은 물론 교회 신자들 중에도 놀라지 않을 수 없었다고 합니다. 있는 대로를 바치는 장로님 가정에 감탄하는 사람들보다도 비방하는 사람이 많았답니다. 있는 대로 바쳤으니 이제는 그 집안 다 망했다고 하였답니다. 그런 말을 들을 때마다 장로님께서는 말씀하시기를

「세상에는 망하는 길도 한두 가지가 아닙니다. 화제나 수해로 망하는 수가 있고, 도둑을 맞아서 망하기도 하고, 사업하다가 실패해서 넘어지기도 하고, 심지어 술집으로 돌아다니며 가산을 탕진하는 이들도 있는데, 성전을 짓느라고 망했다면 이 얼마나 귀하고 가치 있는 망함이겠는가? 나는 망해도 하나님의 성전은 남지 않겠는가」하시면서 스스로 위로를 받으셨다고 합니다. 그러나 사실인즉 하루하루를 지낼수록 곤란한 생활은 한층 더 하셨답니다.

그런데 그 해 여름도 지나고 가을이 되었을 때에 일본 동경에 대진재가 일어났습니다. 그때에 우리 한국인들이 무수하게 일본 사람들에게 학살을 당했다고 합니다. 마침 손 목사님의 동생 되시는 손문준 선생이 고학하기 위해서 동경에 계셨던 것입니다. 이 소문을 들은 가족들의 놀라움은 물론, 소식을 기다리는 궁금함이란 이루 말할 수 없었습니다. 동네 사람들은 더욱 비방하기를 그 집안 옳게 망해간다고 하였답니다. 그러니 장로님의 가족들은 침식을 잊고 이 일을 위하여서 기도하였던 것입니다.

그런데 감사한 것은 그 후 오랜 후에 동경에 있는 문준 선생에게서 편지가 왔고, 그 편지에는 송금 수표가 동봉되어 왔더라고 합니다. 그것은 문준 선생이 진재 중에 죽기를 면했을 뿐 아니라, 복구와 구호사업을 열심히 도왔으므로 그 회에서 수고했다고 주었다는 것입니다. 그 돈을 문준 선생은 장로님에

게 가용으로 쓰시라고 보냈는데, 그 금액이 먼저 장로님 내외분이 바친 논 다섯 마지기를 돈으로 치루어 드려놓고도 세 마지기 더 살 수 있는 액수에 해당하였답니다.

이 외에도 많은 일화가 있으나 일일이 들어서 구체적으로 말씀드리지 못하고 특히 전쟁 중에 된 일을 한두 가지 더 말씀 드리겠습니다.』하면서 다시 한 번 무엇을 생각하는 것 같았다. 이곳에 모인 어른들은 물론 다른 때 같으면 졸리다고 할 동수까지 꼭 듣고 앉아 있다. 동인이 동신이는 그런 할아버지를 모신 일이 마음에 흡족하게 느끼면서 지난날 베풀어주신 할아버지의 사랑이 더욱 새로워지는 것 같았다.

『이 편지는 손 장로님께서 옥중에 있는 아들 손 목사를 위하여 기도를 그치지 않는 한편 자주 보내주시던 격려의 편지 중에 하나로 1944년 8월 3일부의 편지인데 부산 계실 때 보내신 것입니다. 그대로 읽어드리겠습니다.

〈금월 1일 금지옥엽(金枝玉葉)같은 서신을 반갑게 받아본즉, 비록 수금(囚禁)중이나 사서삼경(四書三經)을 통달한 시인보다 재주가 모범적이로구나! 애비는 헛나이만 먹고 부모 노릇 못한 허물을 다 용서하여다고. 나의 참 효자 양원아! 영육간 내가 네 모범되지 못한 일 말할 수 없구나. 심령고통으로 무상하게도 너를 서자상(書字上)으로도 도우지 못한 점 짐작하여라. 인간이 의식주가 무엇인지 인심은 조석변이란 말 같이 가정과 동생들과 애비의 그런 점을 위하여 기도해다고. 비록 광야살이일지라도 그날그날 근근이 생활해 나가는 것은 기도의 응답으로 도우시는 하나님의 은혜이시다.……운운〉

이 얼마나 신앙적이며 겸손하신 편지입니까? 이 얼마나 놀라운 아버지의 말씀입니까? 다음에는 1945년 4월 1일 만주 할빈에서 보내신 편지인데, 이 편지는 손 장로님이 최후로 보내신 편지가 된 것 같습니다.

《애비는 아들의 영화요, 손자는 노인에게 면류관이라 하는 말이 우리 양원에게 맞았구나! 본래 연약한 몸으로 이 추운 절기에 어떻게 참아 가느냐? 한 입으로 다 말하지 못하겠구나. 눈병은 지금 어떠한지 듣고 싶구나. 애비는 두 달 동안을 천식병 기침으로 담이 성해서 숨이 막혀 약을 쓰면서 지냈다. 한참은 방안에서 대소변을 받아내도록 기거를 못 하다가 요새는 조금씩 나아가니 너의 드리는 기도의 덕인가 한다. 그러므로 이제야 편지하게 되어 실수했으니 용서하여라.……운운)』

황 선생은 이 편지를 읽고 나서 눈을 감는 것 같았다. 일동은 이 두 편지에서 손 장로님의 일생을 통해서 움직이는, 또 그의 가족 전체에서 볼 수 있는 그 무슨 특이한 성격을 발견할 수 있었다. 강하기는 독수리 같고 온유하기는 비둘기 같은 성격이라고 할까? 신앙의 자유를 위해서는 만난을 겁내지 않으면서도 자기의 부족에서는 아들에게도 사과를 하는 이러한 훌륭한 분이다. 또한 동인 동신에게는 외출은 물론 이웃에 나가시면서도 「동신아, 내 박 집사 집에 갔다 오마.」「동신아, 나 다녀왔다.」하시던 할아버지, 즉 집안사람에게 꼭 다녀오겠다고 말하고 나가시고 또 다녀와서는 꼭 다녀왔다고 말씀하시던 할아버지가 생각이 났다.

『끝으로 한 가지만 더 말씀 드리겠습니다. 손 목사님이 광주 형무소에 계실 때인데 만기될 즈음에 하루는 형무소 소장이 불렀답니다. 나가보니 말하기를 〈당신의 아버지에게서 편지가 왔는데 당신더러 고집부리지 말고 얼른 돌아와서 가정을 회복시키라고 했는데 당신은 어떻게 생각하오〉하며 묻더랍니다. 손 목사님은

「누가요?」하고 다시 물으니

「당신 아버지!」하였습니다.

「그럴 리가 없지요. 편지를 봅시다.」하고 편지를 요구하니 편지는 없다고 보여주지 않더랍니다.

「그럴 리 없습니다. 우리 아버지께서 그럴 리 없습니다.」하고 부정하니 소장이 다시 말하기를

「만주 있는게 당신 아버요?」하고 새삼스럽게 묻더랍니다.

네 그렇습니다. 하니 그이는 당신 아버지 아니요 하더랍니다. 그 무슨 말이요?하니 아버지라면 그런 말을 어찌하겠오. 신앙을 떠난 생활은 죽은 생활이나 같으니 옥중에서 차라리 죽을지언정 나올 수 없다고? '손나 빠가나 오야지가 도꼬니 오루까? (그런 못된 아버지가 어데 있는가)하면서 화를 내더랍니다. 손 목사님은 무슨 영문인지 모르나 속으로 〈그러면 그렇지, 우리 아버지가 그렇게 부당한 말씀을 하셨을 리가 있나〉했더랍니다.

손 목사님이 나중에 나와서 박상건 목사님이라고 하는 서울에 계신 목사님에게 들으니, 그이는 그때ㅣ만주 할빈 조선 교회의 목사님으로 손 장로님 장례식을 집행하신 목사님이신데 손 목사님이 출옥 만기는 가까워져도 신앙이 여일하시니, 광주 형무소 소장이 손 장로님에게 편지 쓰기를 당신 아들에게 권면하는 편지를 하여 신사참배를 하도록 시켜서 사방에 흩어진 가족을 다시 모아 가정을 이루도록 권하라고 했더랍니다. 그러나 이 편지를 받으신 손 장로님은 박 목사에게 그 편지를 보이시고 난 후 그와는 정 반대의 뜻으로 편지를 냈답니다. 그러니 소장이 화가 나서 그렇게 욕을 했더라는 것입니다. 여러분 그 아버지에게 그 아들, 그 장로님에 그 목사님이 아닙니까?아버지가 그러시니 아들이 어찌 약해지겠습니까?』

이러고 보니 여러 다른 사람들보다도 철들은 동인 동신 군과 동희는 그런 할아버지와 아버지를 모신 자기들이 얼마나 행복스러운지 몰랐다. 일동도

감격에 넘쳤다. 등잔불도 그 빛이 환해지는 듯싶었고 고요한 밤이 거룩한 밤 같았다.

『여러분 그 할아버님은 만주 할빈에서 먼저 말씀 드린 대로 돌아가셨습니다. 들으니 '고향에 가서 죽고 싶다'고 늘 말씀하셨던 모양이신데 만리 이역에서 고혼이 되셨습니다. 나는 장로님의 죽음도 순교라고 부르고 싶습니다. 왜냐구요? 그는 신앙을 위하여 싸웠던 까닭으로 이렇게 원치 않는 이역 땅에서 돌아가셨으니까요. 주를 위해서 싸우시다가 돌아가셨으니까요. 모르긴 하지만 만일 장로님을 투옥시켰다면 기뻐 춤을 추면서 들어가서 싸우셨을 것입니다.』

황 선생은 흥분된 어조다. 일동도 그렇게 느껴지는 것 같았다.

『여러분! 오늘밤 그 어른은 비록 이 자리에 안 계시고 추모의 어른으로 되셨지만, 우리 하나님 우편에 계신 예수님과 함께 계시어서 우리를 위해서 기도하실 줄 알며 우리도 그를 만나러 갈 수 있도록 신앙의 생활을 철저히 해야 할 줄 압니다. 내 기억에 남은 장로님 말씀 중에 「내 자손들에게 논밭전지를 유산으로 주는 것보다는 믿음 하나만 전해 주겠다.」고 하시던 말씀이 늘 생각납니다. 동인이 이하 오남매는 그 할아버지의 뜻을 받들어 훌륭한 신앙의 소유자 되기를 진심으로 바랍니다.』

이렇게 추모사가 끝나자 〈날빛보다 더 밝은 천당 믿는 것으로 멀리 뵈네. 있을 곳 예비하신 구주 우리들을 기다리시네. 며칠 후 며칠 후 요단강 건너가 만나리 며칠 후 며칠 후 요단강 건너가 만나리〉를 부르고 기도가 있은 후 답사로 손 목사님의 간단한 말씀이 있었다. 그중에 이런 말씀을 하셨다.

『대단히 감사합니다. 여러분이 이렇게 오셔서 우리 아버님을 추모해 주셔서! 과연 내가 접속되던 날 밤에 인사 드리려고 아버님께 들어가 절을 하면서

「아버님 잠깐 다녀오겠습니다.」하니 형사들 앞이라 긴 말씀 안하시고 간단히「누가복음 9장 62절과 마태복음 10장 37-39를 기억하라」하시면서 엎드려 기도하시는 중에 제가 붙들려 갔었는데 그것이 아버님과 나와의 집에서 뵙던 일로는 최후였던가 합니다.』

손 목사님의 눈에도 눈물이 돌았다. 이 말씀에 모두를 감격했다. 동희는 얼른 그 성경 구절을 찾아보았다.

〈예수께서 이르시되 손에 쟁기를 잡고 뒤를 돌아보는 자는 하나님 나라에 합당치 아니하니라〉

〈아비나 어미를 나보다 더 사랑하는 자는 내게 합당치 아니하고 아들이나 딸을 나보다 더 사랑하는 자는 내게 합당치 아니하고 또 자기 십자가를 지고 나를 좇지 않는 자도 내게 합당치 아니하니라· 자기 목숨을 얻는 자는 잃을 것이요 나를 위하여 자기 목숨을 잃는 자는 얻으리라〉

이것이 검속당해 가는 아들에게 주는 아버지의 선물인 줄이야!

# 제 4 장

## 씨앗은 죽어서

『동장아, 너 어떻게 왔느냐?』

『형님들이 아버지 어머니 걱정하신다고 가보라고 해서 왔는데 반란군이 못 가게 하는 것을 우리 집에 간다고 하면서 왔어요.』

『네 형들과 동수도 잘 있느냐?』

『예, 잘 있어요. 그러나 밤새도록 무슨 걱정인가 했어요. 아침 예배 후에 내 머리를 만지면서 공부 잘하고 어머니 아버지 말씀 잘 순종하라고 하며 천당 가서 만나자고 그랬어요. 참 양식도 다 떨어졌다고 그러던데요.』

때는 1948년 10월 19일. 반란군의 일발의 총성을 신호로 일어난 여수 지구 반란부대의 일부는 10월 20일 열차를 타고 순천 시내로 몰려드는 것이었다. 순천 경찰서에서는 이 급보를 받고 결사 교전하였으나 당해내지 못하고 전원이 전사하여 반란군의 점령한바 되고 순천 시내 좌익 청년 학도들은 반란군에 호응해서 협력하였다. 그리고 나서는 제2차로 순천 시내 정치요인 정당 관계자, 생활이 넉넉한 부자들을 닥치는 대로 학살하였다. 전 순천시는 총성이 진동하고 죽음이 벌어져서 그야말로 수라장이 되어 버렸다. 거리는 시체로 무더기를 이루고 붉은 피는 순천 시가를 시내로 만들었고 통곡 소리는 하늘에 사무쳤다.

이때에 신풍리에 있는 여수 애양원에서는 10월 12일부터 부산 고려 신학교 졸업생이요, 전쟁 중에 옥중에서 주를 위해서 싸우던 이인제 전도사를 특별 강사로 청해다가 사경회를 하는 중이었다. 그런데 동희는 19일에 아무것도 모르고 양식 가지러 당숙과 함께 집에 왔고 나머지 4남매의 일이 궁금하였다. 이곳에 쳐들어온 반란군을 잡아내느라고 정신없는데 21일 낮쯤 해서 총탄이 비오듯하여 교통이 끊어진 길로 12세 된 동장이가 돌아오니 손 목사님은 너무도 반가워서 어쩔 줄 모르셨다. 그래서 방에 들어갈 사이도 없이 사택 앞 동장이에게 몇 마디 물어보시는 것이었다.

『어서 들어가 어머니께 빨리 말씀해 드려라』하시고는 목사님은 애양원 쪽으로 바삐 가셨다.

『누구냐?』벼락 같은 소리를 지르면서 태극기를 든 군대를 실은 트럭에서 국군 한 사람이 쏜살같이 뛰어 내리더니 총을 겨누고 이리로 쫓아온다. 물샐 틈 없는 국군의 삼엄한 작전이다.

『네, 저는 홍순복이라는 여수 애양원 사는 사람입니다. 저희 애양원 교회 목사님의 아들들이 순천에 있었는데 반란군에게 피살당했다는 소식을 듣고 그게 사실인지 아닌지를 알려고 갑니다. 만일 피살당했다면 그 시체라도 찾으려고 가는 길입니다.』라고 공손히 대답하는 사람은 여수 애양원 부속학교인 성산초등학교 선생인 홍순복이라는 청년이었다.

『여수 애양원이란 무엇이냐?』역시 큰 소리다.

『네, 나환자를 치료해 주는 수용소입니다.』

이 말을 듣자 국군은 걸인처럼 차린 것보다도 그 얼굴이 좀 이상한 것으로 보아 확실함을 짐작했다.

『너 가지고 있는 것 무엇 있어?』하고 낮은 어조였다.』

『네?아무 것도 없습니다. 성경책 한 권 가졌을 뿐입니다.』하면서 성경책을 꺼내 보였다. 그랬더니 성경을 본 그는 이제는 안심했다는 듯이

『위험하니 조심해서 빨리 가시오.』하고 말투가 달라졌다.

10월 22일엔가 인편에 들려오는 소문에 동인이 동신이는 반란군들에게 피살당했다는 것이다. 이 말을 들은 애양원 식구들은 손 목사님의 가족 이상으로 염려하고 또 초조하게 생각했다. 오히려 손 목사님은

『내 자녀들이 죽었어도 좋고 살았어도 좋습니다. 죽었으면 천당 갔을 것이고 살았으면 하나님 일할 아이들이니 조금도 염려할 것 없습니다.』하면서 그의 부인과 성도들을 위로하는 것이었다. 그러는 동안 10월 24일까지 아무 소식이 없었다. 동인이 동신이는 물론 23일에 식량을 가지고 연락차로 다시 떠난 당숙과 동희에게서도 아무 소식이 없었다. 한편 사모님은 자꾸 자기가 가시겠다고 하셨다. 그러니 생각하다 못해서 참을 수 없는 애양원 젊은 청년 중의 한 사람인 홍 선생은

『사모님 순천 있는 아이들 소식을 알러갔다 오겠습니다.』하면서 자진해서 가겠다고 나섰다. 말이 쉽지 그때 그 길을 떠나간다는 것은 실로 생명을 내건 큰 모험이었는데 이렇게 나서서 청하니 손 목사님은

『고맙소마는 홍 선생님도 아시다시피 통행이 금지되고 형세가 저렇게 험악하니 갈 수 없는 것입니다. 그만 두시오. 생사는 주의 뜻이니 그만 둡시다. 알면 무엇하고 모르면 어떠하오.』하셨다.

『그러나 목사님, 생사를 모르고 있는 것보다 알아야 하지 않습니까? 저는 환자이니 얼굴에 검정이나 좀 칠하고 남루한 옷이나 입고 가면 걸인처럼 보

일 것이니 염려 마십시오. 별일 없을 것입니다.』하면서 부득부득 조른다. 하는 수 없이 손 목사님은

『그러면 성경책 한 권 몸에 지니고 갔다 오시오. 혹 도중에 성경책이 필요할지도 모릅니다.』하면서 마지못해 허락을 하셨다. 그래서 지금 홍순복 선생은 한 고개를 무사히 넘겼던 것이다.

하늘은 높고 말이 살쪘다는 가을도 거의 기울어, 여름에 수고해서 거둔 오곡백과를 들여놓고 겨울 지낼 김장 준비에 바쁜 고요한 농촌, 구름 한 점 없이 맑게 갠 하늘은 여전히 높고, 원근 산 위에 둘러선 소나무는 여전히 푸르고, 추수 끝난 빈들에 떨어진 곡식 알 모으는 참새는 여전히 바쁘건만, 인간만이 마음 놓고 이 길을 걷지 못하는 별스러운 세상이 된 것을 생각하니 어쩐지 인간에 대하여 환멸이 느껴졌다. 〈세상은 내가 가지고 있는 병 이상의 더 무서운 그 무엇이 있는 곳이로구나!〉하는 이런 생각 저런 생각을 하면서 바쁘게 가는 도중에 트럭, 전차, 야포대 등 무수히 만났고, 만날 때마다 같은 취조를 당했고 당할 때마다 같은 대답을 하고 대답할 때마다 무사히 통과되니 통과할 때마다 하나님께 감사하면서 성경책 가지고 가라고 하신 목사님 생각이 났다.

사십 리밖에 안 되는 길을 몇 백리나 되는 것같이 느끼면서 정신없이 갔다. 가끔 쿵 쿵 하고 멀리 산 너머로 무겁게 들리는 것은 생각만 하여도 몸서리가 처지는 소리였다.

『사모님 홍 선생 다녀왔답니다.』하면서 누구에게 몰리는 것처럼 쫓아 들어오는 이는 이웃에 사는 차 선생 부인이다.

『네?』하고 채 문도 열기 전에 마주 뛰어 나온 이는 손 목사 부인이다.

『저기요, 저기』하면서 앞서서 반 다름질 치는 차 선생 부인을 따르면서,

『어디요, 어디』하고 읽던 성경책을 든 채로 허둥지둥 좇아가신다.

때마침 내리는 가을비가 그친 뒤라, 신이 땅바닥 흙에서 잘 떨어지지 않았으나 신을 신었는지 벗었는지 모르게 정신없이 달리는 걸음이다. 그러나 암만 가도 홍 선생은 안 보이고 언제 나갔었는지 심우영, 성점순 두 사람이 이리로 온다.

『아이고 홍 선생 옵니까?』하니

『네 — 못 — 안 들었습니다. 저 뒤에 그 애들이 온답니다.』하면서 더 묻기도 전에 앞서 가버린다. 그 무슨 소린가 싶어서 멀리 바라보니 저쪽 구암리 쪽으로 난 길을 그저께 갔던 동희와 동수가 오는 것 같았다. 사모님은 차 선생 부인과 말없이 길을 바꾸었다.

『애, 동희야, 동수야 네 오라비들 오느냐?』하고 앞서 그 애들 온다는 말에 희망을 둔 사모님은 이렇게 소리쳐 물었으나 동희와 동수는 대답이 없었다. 멀어서 안 들리나 싶어 빨리빨리 좇아갔다.

『동희야, 작은 오빠 죽었지?』하면서 '아니요' 소리를 듣고 싶은 질문을 동희에게 물으니 실신한 사람처럼 서서 대답이 없었다. 동수는 울기만 한다.

『큰 오빠도 죽었지?』하면서 또 물으니 역시 대답이 없다.

『야, 동희야 왜 말이 없느냐?』하면서 화를 내신 것처럼 크게 물으시니,

『아 — 』하고 대답 대신 울음이 터졌다.

『아이고 둘 다 죽었다는 말이로구나…』

사모님은 털썩 주저앉아 버리셨다. 수일 전에 애양원 교회로 독창하러 왔다 간 동인이가 아닌가! 두 주간 전에 옷 바꿔 입으러 왔다 간 동신이가 아닌가! 그 애들이 약 한 첩 못 써보고 죽다니! 그만 사모님은 울 기운도 없어 기절해 버렸다.

『목사님, 홍 선생 왔답니다.』하고 누군가가 하는 말에 손 목사님은 그를 만나러 쏜살같이 애양원 정문을 향해 달린다. 박 장로, 이인제 전도사와 교회 직원들도 달린다. 겨우 피해서 사모님을 만나지 않은 홍 선생은 애양원 대문 앞까지 왔으나 더 들어갈 용기가 나지 않았다. 먼저 나온 애양원 식구 몇 사람에게 포위된 홍 선생은 입이 천근만근 된 것 같아서 말이 나오지 않아 우뚝 서 버렸는데,

『아— 저기 목사님 오시네.』하면서 누군가가 침묵을 깨뜨렸다. 그 소리에 깜짝 놀란 홍 선생은 정문을 쳐다보니 목사님은 앞서고 이 전도사님과 장로님 몇이 뒤를 따르면서 이리로 오시지 않는가? 이를 본 홍 선생은 땅 속으로 들어가고 싶을 만큼 민망해서 발이 떨어지지 않는다. 〈내가 왜 이런 소식을 전하도록 되었는가?〉하는 순간의 기분으로는 순천 갔던 것이 후회되는 것 같았다.

『홍 선생 잘 다녀 왔소?』하시고 머뭇거리는 홍 선생을 향하여 말씀하시는 손 목사님은 의외로 냉정하시다. 다음 순간 손 목사님은

『우리 동인이 동신이는 정말 죽었지요?』벌써 눈치 채시고 그러나 '아니요' 소리를 듣고 싶으신 질문이기도 하다.

『네—』한마디 해놓고 『순…』하는 끝말을 못 맺고 두말없이 울어버리는 홍 선생을 보자 벌써 알아차린 목사님은 서슴지 않고

『다 같이 기도합시다.』하시더니

『하늘에 계신 우리 아버지…』하시고는 말이 딱 막힌다.

『이 부족한 죄인에게 이와 같은 특별한 은혜를 주심을 감사합니다.』얼마 후에 계속되는 기도이다.

『먼저 믿음을 주시옵소서』울음 섞인 음성이시다. 누군가「으 — ㅇ」하고 큰

소리로 울어버렸다.

『주여, 순교라니 감사합니다.』 못이 박히는 소리이시다.

『그러나 누군지 모르나 내 아들을 죽인 자들을 불쌍히 여겨 주옵소서.』더 말이 계속되지 못하신다. 그 자리는 울음바다가 되었다. 어른도 울고 아이들도 울고, 우는 소리에 동네 사람들도 좇아 나왔다. 언제 왔는지 애양원 식구들도 다 나왔다. 모두 운다. 우는 것 외에 다른 할 말이 없는 까닭이다. 아니 인간뿐이 아니라 산천도 초목도 이 슬픔을 조상하는 듯싶다. 앞산 허리를 넘는 구름도 눈물을 머금은 듯, 단풍든 나뭇잎도 피 섞인 눈물인 듯!

『아버지, 아버지의 사랑을 주시옵소서. 그 사람들을 용서해 줄 수 있는 아버지의 사랑을 주시옵소서. 내 죄도 용서해 주시옵소서. 예수 이름으로 기도합니다. 아멘』

이렇게 한참 만에 겨우 끝을 맺는 기도였으나 누구하나 고개를 들고 움직이려는 이 없이 여전히 흑흑 느껴 운다. 까마귀가 깍깍 울고 지나간다.

『사모님이 기절하셨어요.』하면서 누군가가 박 장로에게 말하니

『목사님 그러지 마시고 가서서 좀 쉬시지요.』오래간만에 박 장로가 권하는 말이었다.

『아니오, 교회로 갑시다.』하는 것은 목사님의 대답이었다.

『아닙니다. 댁에 가서서 좀 쉬시지요.』하니

『아니오 내가 쉴 곳은 교회요.』하면서 발을 떼어 놓으신다. 사모님이 기절하셨다는 말도 할 수가 없다. 모두들 따랐다. 마치 장례식을 따르는 사람들처럼 슬픈 마음이고 무거운 걸음이다. 이 전도사님만이 목사님 댁으로 달려갔다.

종도 안 쳤지만, 예배시간도 아니건만, 말없이 모여온 애양원 식구들은 다

만 기도와 찬송만이 유일의 위로였고 손 목사님을 위로하는 길이었다. 찬송가는 몇 번을 불렀는지, 기도는 얼마 동안을 드렸는지는 모르나, 박 장로님이 홍 선생을 보고서 모두들 궁금해 하니 좀 더 자세히 전후 일을 말씀해 달라는 것이었다. 할까 말까 망설이다가 홍 선생은 들은 대로 전하는 것이 하나님께 영광이 되리라 싶어서 무거운 몸을 끌고 강단 앞에 나섰다.

『홍 선생의 좀 더 자세한 보고가 있겠습니다.』하는 박 장로의 말에 모두들 고개가 올라갔다. 홍 선생의 울어서 부은 얼굴이 아직도 슬픈 빛으로 꽉 차 있다.

『어제 아침에 여기를 떠나가는 도중에 여러 차례 국군의 취조를 받았으나 성경책을 보여 가면서 설명을 하여 무사히 순천에 도착하였습니다. 그날도 여전히 순천시내 일부에서는 교전을 하는지 총소리가 들리는데 길에서 마침 만주에서 나왔다는 철도 경찰을 만났는데 물으니 순천 시내는 어느 정도 정리가 되었다고 했습니다. 그렇다면 좀 상관없겠지 하고 순천역 부근에 들어서니, 지금까지 오는 도중에 한둘씩 넘어져 죽은 시체는 아무 것도 아닌 것처럼 길거리는 시체의 산을 이루었는데 그야말로 눈으로 볼 수 없었습니다. 냄새도 냄새려니와 그 탄환으로 해서 누렇게 부은 사람, 기름을 붓고 태우다가 만 사람, 빨가벗겨서 죽인 여자, 길가 전신주에 묶어놓고 총살한 채 둔 순경, 무엇이라고 말할 수가 없었습니다.

한편 서로 자기들의 부모 형제 친척들의 시체를 찾으러 다니는 사람들을 볼 때에 나 역시 저런 사람들 중의 하나인가 싶으니 눈물이 앞을 가렸습니다. 처음에는 좀 보기에 겁이 났지만 너무 많으니까 그때는 무섭지도 않고 빨리 동인 동신이 살던 집을 찾아가고 싶었습니다. 찾아가니 웬일인지 집 문이 꼭 닫혀 있었습니다. 처음에는 아무도 없는 줄 알고 그대로 승주교회로 가보려고 하다가 다시 생각을 하고는, 큰 소리로 아무도 없느냐고 애양원에서 왔다고 여러 번 부르니 그때서야 주인 여자가 '누구요' 하고 나와서 문을 열어 주었습니다. 나를 본 부인은 애양원에서 왔느냐고 묻기에 그렇다고 하니 울면서 동희를 불렀습니다. 그러니 동희와 동수는 집주인 양씨와 함께 나왔습니다. 동희 형제는 눈이 퉁퉁 부었는데 〈오빠들이 죽었어요〉하고는 더 말을 못했습니다. 나도 이미 어느 정도 짐작은 했으나 그 소리에는 천지가 아득하고 앞이 캄캄해졌었습니다.

겨우 정신을 차려서 시체가 어디 있느냐고 하니 그 부인이 벌써 찾아놓았으니 안심하라고 합디다. 도대체 어떻게 된 셈이냐고 물으니 다음과 같은 내용의 이야기를 해 주었습니다.』하고 잠간 숨을 내 쉬었다. 다음 말이 궁금한 일동은 숨소리까지 죽이고 있었다. 홍 선생은 생각만 해도 눈물겨운 이야기를 계속하는 것이었다.

『20일 아침에 모두들 학교로 갔는데 어찌된 일인지 동인 군이 일찍이 돌아왔답니다. 웬일이냐고 물으니 순천역에 교회 손님 한 분을 전송하러 갔었는데 여수에서 올라오는 기차에 손님은 없고 군인이 타고 와서는, 어떻게 된 일인지는 모르나 경비대와 경관과 무슨 충돌이 일어난 듯이 총질을 하며 싸움을 하는데, 사람들이 이리 몰리고 저리 몰리고 하더라고요. 그러면서 동인이가 하는 말이 참, 세상이 큰일 났다고 하더랍니다. 그러자 얼마 후에 다른 동생들은 돌아왔으나 동신이가 안 와서 대단히 궁금해 하더라고요. 그러는 동안에 자꾸 총소리는 더 많아지고, 시내로 들어오는 것 같았답니다. 그래서 동인이하고 밖에 길가로 동정을 살펴보러 갔는데, 그때에야 반란군이 반란을 일으켰다는 것을 알았답니다. 그들은 외치기를 삼팔선은 인민군의 힘으로 터져서, 이북 인민군은 서울, 대구, 부산 등 전 조선을 점령하고 여수, 순천은

최종으로 점령하는 것이라고 했답니다. 그래서 다시 돌아온 그들은 이웃집 지하실로 가서 숨었답니다. 그러자 거의 저녁때나 되어서 동신이가 돌아왔답니다. 동신이에게 들으니 분명히 반란군으로, 순천중학교도 한참 포위를 당했으나 나중에 해산이 되어서 이제야 돌아온다고 하며, 오면서 생각하니 암만해도 이것은 정의와 불의의 싸움이며 신자와 불신자의 싸움일 것이니 우리는 잘 싸워야겠다고 제 친구나 제민 군에게도 말을 했다고 합니다. 그래서 온 식구들은 한데 모였으나 다른 집 사람들은 모두 어디론지 피난을 가기에 우리도 가자고 양 집사가 말하니 동인의 말이 「우리의 피난처는 주님밖에 없습니다」하고는 피난을 원치 않았답니다.』하는 홍 선생 눈에서는 그 무슨 이상스러운 것을 느끼는 것같이 보였다. 홍 선생은 또 한참 쉬는 것이었다.

『그 다음 날 21일 새벽에 그 애들은 모두 일찍이 일어났답니다. 언제든지 밤늦게까지 공부하고 또 아침 일찍 일어나서 공부하는 그들이라 일찍이 일어난 것이 이상스런 것도 없지만 그래도 아마 동인이는 밤샘을 했던지 아니면 잤다 해도 한두 시간에 불과하였을 것이랍니다. 때마침 그 애들 당숙과 동희는 19일에 애양원에 오고 없어서 형제가 밥을 해서 먹는 것 같았답니다. 그날 아침에 특히 기억나는 것은 동인이가 양 집사 더러 무심코

「양 집사님, 어젯밤 꿈이 참 이상했습니다.」하더랍니다. 양 집사는 속히 그 꿈 이야기를 하라고 하니 어물어물하고 말을 끊더랍니다. 동신이는 가정 기도회를 마치자 동장이더러 빨리 여수 애양원으로 가라고 해 놓고는 뒤뜰 우물에 가서 목욕을 하더니 깨끗한 새 옷을 모조리 갈아입더랍니다. 그리고 방에 들어가서 형제간이 기도하고 나서 다시 나온 때는 둘이 다 안색이 좋지 않더랍니다. 양 집사 내외는 이상해서 다시 꿈 이야기를 하라고 하면서 꿈이란 해석 여하에 따라서는 잘되는 길도 있다고 했으나 여전히 말을 않더랍니다.

또 어제 낮에 숨었던 집에 가서 피하라고 그 집 부인이 와서 말해도 듣지 않더랍니다. 또 양 집사는 빨리 피해서 애양원으로 가라고 해도 도중에 붙들려 총을 들라거나 또 붙잡히면 창피하다고 일을 당하더라도 집에서 당하겠다는 것이었다고 합니다. 그럭저럭 조반도 마치는 둥 마는 둥 하고 양 집사가 이웃 정 집사 댁에 잠깐 다니러 간 사이에 아마 오전 10시는 되었는데 학생 떼가 그의 집을 포위하고 떠들썩 하더랍니다. 양 집사는 겁이 났지만 자기 집안에서 되는 일이라 좇아 들어오니 벌써 동인이는 학생들에게서 두들겨 맞고 있었답니다. 맞으면서 동인이가 말하기를

「무슨 죄로 나를 치는지는 모르나 나에게는 죄가 없다.」고 하니,

「죄가 없어? 이 자식, 네가 친미파가 아니고 무엇이냐? 미국 유학을 가?」하는 말에

「이 사람들아, 나는 친미파가 아니다. 나는 하나님 섬기는 사람일 따름이다. 내가 왜 동족의 할 일을 남의 나라에 의지하겠느냐?」고 하니

「시끄럽다. 아직도 예수 정신 좀 빼놓을 수 없느냐?」하면서 동인이를 때리더랍니다. 그러니까 그때 동인이는 결심한 듯이,

「이 사람들아 그 무슨 말인가? 예수 믿는 사상, 예수 믿는 정신이 무엇이 나쁘다는 말인가? 내 목은 뽑을 수 있을는지 모르나 내 신앙은 내게서 뽑지 못할 것이다.」라고 강하게 하니 누군가가 때리라 하며 치고 때리다가 곁에 있는 못박힌 나무토막들을 들고 치더랍니다. 그러더니 옆방에 있는 양 집사를 보고는

「당신은 누구요?」하면서 양 집사에게 물으니

「목수일 하는 사람이요.」했더니

「이 자식들과 어떻게 되는 사람이요?」하여

「아무 것도 아니오. 우리가 이 방에서 삽니다.」하고 양 집사 부인은 목수 연장들을 보이면서 우리는 목수 일을 해서 산다고 설명을 하였답니다. 그리고 나니 다시 동인이를 때리더랍니다. 또 곁에서 말리는 동신이도 두들겨 맞았답니다. 벌써 머리에서는 붉은 피가 흐르고 맷 자국에도 피가 맺혔더랍니다. 그러자 「이 자식들 데리고 가자」하니 「그러자」하고 동인이는 가지고 온 끈으로 묶고 동신이는 손을 들라고 하더니 그대로 끌고 나갔는데 몇 학생은 증거를 찾는다고 방에 들어가 모두 뒤지더니 무엇인가 한 아름 가지고 따라 나갔답니다. 그동안에 동수는 계속 울었으나 그 울음소리는 그 사람들에게는 아무 상관도 없었답니다.』

이만큼 말을 한 홍 선생은 더 계속하고 싶었으나 다음을 기다리는 이들에게 전해줄 말이 뚝 끊어졌다. 그것은 양 집사가 그들 뒤를 따라 나가지 못하고 무서워서 들어앉아 버렸던 까닭이었다. 말은 다시 계속되었다.

『그렇게 잡혀간 후 아무도 그 뒤를 따라가 본 사람이 없어서 자세한 소식은 몰랐으나 다만 세무서 위에 있는 본부로 데리고 간 것만을 알았다고 합니다. 그날 밤까지 돌아오지 않은 동인이 형제는 필연코 큰일은 당한 줄 알았으나 알아볼 길이 없었더랍니다. 그리고 공포의 하루가 지나고 22일에 국군이 순천을 점령하게 되자 양 집사는 속히 그 부인과 함께 소식을 들으러 나가니 동인 동신 군은 총살을 당했다는 것이더랍니다. 그래서 시체라도 찾아보려고 나갔으나 너무 많은 시체를 다 보면서 함께 다닐 수 없어서 둘이 나누어서 찾기로 했는데, 양 집사가 경찰서로 가고 그 부인은 장대다리 지나서 벌교(筏橋)로 가는 큰길가로 갔더랍니다. 양 집사가 경찰서에 가보니 벌써 국군들이 와서 모든 시체를 실어다가 들 밖에 내다버리는 중이어서 찾지 못하였는데 그 부인이 그 부근에 가서 의외로 쉽게 동신이를 찾아낸 것은 그 전날 아침에 갈아입은 옷이 표가 나서였답니다. 따라서 힘 안들이고 동인이도 찾았답니다. 그런데 이상한 것은 다른 시체들은 그 얼굴이고 몸이 몹시 상했으므로 변색되었는데 이 두 시체는 과히 상하지 않았더랍니다. 그 뒤에 양 집사는 다시 부인과 정 집사와 3인이 가마니 몇 장을 가지고 가서 깔고 덮고 애양원에 속히 연락을 하려고 하던 차에 동인이 당숙이 오셨으나 그 당숙은 이 소식에 더 정신을 못 차리며 어쩔 줄을 모르셨고 내가 도착하여 애양원에서 왔다고 하니 얼른 이 일을 어떻게 할 것이냐고 물으십니다.』

이 말까지 한 것은 자기가 도착되기 전까지의 일이었으나 이제부터는 자기가 한 일을 이야기하는지라 좀 이상한 감정을 느끼는 것 같았다.

『그래서 나는 동희와 동수를 데리고 우선 시체를 보려고 갔습니다. 그리고 나서는 교회로 찾아가서 가(假)장례식 할 것을 상의하고자 했으나 아무도 없었습니다. 하는 수없이 다시 양 집사와 상의하고 저녁 때 앞산 밑에 가서 가매장을 하기로 하고 있는데 다음과 같은 놀라운 소문이 들려왔습니다.

순천 읍내에 사는 사진영업 하는 서종문 씨 부인 정씨라는 분이 반란군이 기독교 신자를 체포해서 경찰서 쪽으로 갔다 하기에, 피신했던 자기 남편이 체포당하지 않았나 하고 좇아가보니 자기 남편은 아니고 의외에도 학생들이었는데 가는 도중에 자주 전도를 하더라는 것입니다. 주먹으로 맞고 발길로 채이며 몽둥이나 총자루로 맞으면서도, 또 얼굴에서 피를 흘리면서도 전도를 하는데 하는 말이 다는 안 들려도 「너희들도 그러지 말고 예수를 믿으라는 등 우리 동족끼리 서로 싸우지 말자는 등 참다운 예수 정신으로 살아야 우리 민족이 복을 받겠다는 등……」이었다는데 이 참경은 소름끼치는 실로 눈물 없이 볼 수 없는 처참하면서도 거룩한 광경이었다는 것입니다. 나는 이 말을 듣고 과연 그들의 갈 길은 우리 주께서 걸어가신 갈보리 산을 향하시던 길 같다고 연상했습니다.』하면서 나오는 눈물을 홍 선생은 주먹으로 씻으니 모두들 흑흑 느껴 우는 것이었다.

『또 이런 소문도 들려왔습니다. 14, 5세된 윤순웅이라는 학생이 보았는데 시체가 산처럼 쌓인 순천 경찰서 뒤뜰에다가 동인 군을 내세우며

「야 이 자식아! 이래도 예수사상 못 뽑아 버리겠느냐? 지금이라도 예수사상, 예수정신 뽑아버리고 우리에게 협력 할 수 있다면 용서 할 테니 어떻게 하겠느냐? 이 고 명신(가명)처럼」하고서 같이 선 소위 전향한 학우를 가리켰다고 합니다. 그러나 동인이는 다시

「내 목을 뽑을지언정 내 신앙은 뽑을 수 없다. 너희들도 이렇게 악한 짓 말고 예수를 믿어라.」하니 누군가가

「할 수 없다. 쏘아라!」하더랍니다. 이 말을 들은 동신이는 빨리 동인이 있는 쪽으로 가더니 무리들을 향하여

「여러분, 우리 형님은 장자입니다. 형님은 장자이니 부모님을 모셔야 하지 않습니까. 형님 대신 내가 죽을 터이니 형님은 살려 보내 주시오.」하면서 형님 앞으로 총을 맞으려고 가더랍니다. 이것을 본 동인이는 묶인 채 소리를 지르면서

「동신아, 너 이 무슨 주책없는 짓이냐. 너는 죽이려는 것이 아니니 너는 속히 집에 가서 내 대신 부모님을 봉양해라.」하더랍니다. 그러나 안 된다고 버티는 동신이를 한 사람이 붙들어 내고는 다른 사람이 동인이 눈을 가리더랍니다. 최후가 임박한 줄 아는 동인이는

「야 너희들도 회개하고 예수 믿어라. 나는 이제 죽으면 천당 간다마는 너

희들은 그 무서운 지옥형벌을 어떻게 받겠느냐」하니 이 말을 들은 폭도들은 이를 갈며 주먹을 쥐고는

「쏘아라! 하나, 둘, 셋」하는데 소리가 끝나기 전에 「아버지여, 내 영혼을 받으시옵소서. 저들의 죄를……」까지 부르자 쏘는 총 때문에 말을 못 마치고 펄떡 뛰더니 쓰러지더랍니다.』

장내는 다시 한 번 울음바다가 되었다. 말은 다시 계속되었다.

『이 광경을 본 동신이는 잡은 사람을 뿌리치고 사자처럼 달려가서는 피를 쏟고 쓰러진 형을 붙들고 울면서

「형님, 형님, 형님은 이제 천당으로 갔습니다. 나도 형님 뒤를 따라 가겠습니다.」하더니 반란군과 학생들을 향하여

「왜 무죄한 자의 피를 흘립니까? 이 무죄한 자의 피를 흘리게 한 여러분의 죄를 어떻게 하렵니까? 그러나 이제라도 회개하고 예수를 믿으시오.」하니 무리 중에 한 사람이 외치기를

「저놈도 죽이자.」하니 모두들

「그러자, 그러자」하더랍니다.』 홍 선생은 그만 말이 안 나와서 한참 서 있었다. 모두들 눈물만 쏟고 있었다.

『이 말을 들은 동신이는 「나도 우리 형님 가신 천당으로 가겠다. 나의 신앙도 우리 형님과 꼭 같다.」하고 두 팔을 들면서

「우리 주 예수께서 십자가에 달리신 것처럼 나도 십자가의 모양을 하고 총을 맞을 테니 자 쏘아라.」하며 외치니 「야 이놈은 그 형놈보다 더 지독한 놈이로구나! 이놈을 그냥 못 두겠다. 자 총살하자.」했답니다. 이 소리를 들은 동신이는 십자가처럼 두 팔을 옆으로 벌린 채로 「아버지여, 이 사람들의 죄를 사하여 주시옵소서. 회개시켜 주시옵소서. 내 영혼을 받으시옵소서. 그리고

아버지 어머니를……』하자 수발의 총이 발포되어 동신이는 동인의 곁에 쓰러지더라는 것입니다.

나는 옛날 스데반을 연상할 만한 이 말을 듣고 과연 순교자의 죽음이다. 그들의 일상생활이나 과거 신앙생활로 보아 이런 순교를 하고도 남음이 있으리라고 즉석에서 믿어지면서 감사를 드렸습니다마는 인정으로야……』하면서 말을 계속 못하고 앞에 앉아버렸다.

장내는 울음바다가 되었다. 지금까지 들으셨는지 못 들으셨는지 강대상 뒤에 꼼짝 않고 엎드려만 계시던 손 목사님은 이러한 보고가 끝나자마자 눈물과 콧물을 함께 씻으시면서 교인들 앞에 나서신다. 누가 나서시라고 한 것도 아니고 또 막을 수도 없는 행동이시다.

『사랑하는 부모 형제 여러분! 나는 지금 홍 선생의 이야기를 대강 들었습니다. 내 두 아들 동인이 동신이는 분명코 천당에 갔을 것입니다마는 동인이가 말한 대로 내 두 아들 죽인 사람들은 지옥에 갈 것이 확실합니다. 내 어찌 아비 된 자로 이 일을 그대로 두겠습니까! 나 역시 인간들이 불신의 죄로 지옥 갈까보아 전도하러 다니는데 내 아들 죽인 죄를 회개 않고 죽는 사람들을 내 어찌 가만 두겠습니까?하니 모두들 엉엉하고 운다. 손 목사님은 다시 말을 계속하셨다.

『또 저 사람들이 다른 민족이라도 구원해 내야 할 텐데 동족이 아닙니까? 골육살상은 민족의 비참이요 국가의 대참사(慘事)입니다. 보복적 행사가 반드시 있을 것이니 이 민족 이 동포가 이래 죽고 저래 죽으면 그 누가 남겠습니까. 그런즉 곧 사람을 순천으로 보내서 승주교회 나덕환 목사님을 찾아가서 다른 이는 내가 몰라도 내 아들 죽인 자들이 앞으로 체포되거든 절대로 사형하지 말고, 때리지도 말게 하며 내가 전도해서 회개시켜 예수 믿게 하여 내 아들 삼겠다고 말을 하고 또 내 아들 생전에 내게 말하기를, 나도 이후 신학을 마치고 목사가 되어 아버지가 섬기어 받들던 애양원 교회 위하여 일하겠다고 하였으니 내 두 아들 순천에 묻어 두지 말고 애양원 동산에 묻어 주시오. 이 두 가지가 오늘 하나님 앞과 여러분 앞에 드리는 내 소원입니다.』하고는 조용히 자리에 앉으신다. 해는 벌써 져서 저녁때가 되었다.

그러나 누구하나 저녁밥을 지으러 가는 이도 없었다. 〈밥 한 때쯤이야 굶은들 어떠랴. 순교당한 사람도 있고 두 아들을 잃은 손 목사님도 있는데……〉하는 심정이라.

그러자 누군가가 「고생과 수고 다 지나간 후……」하고 시작하니 모두들 찬송을 따라 부르는 것이었다.

# 제 5 장

# 눈물은 바다를 이루고

『복순이 내 옷 다 되었나?』

『응, 아직 조금 덜 됐어. 내일 입도록 해 줄게 염려 말어.』

『염려가 아니라 묻는 말이여.』

막달이는 흰 옷을 해서 입고 내일 영결식에 참석해야 할 터이나 손이 꼬부라져서 바느질을 잘 할 수 없는 고로 이웃집에 있는 복순이에게 가서 자기 옷을 지어 달라고 삯까지 맡기는 것이었다.

『아까 나가 보았어?』

『응, 나가 보고 말고. 그러나 참 못 보겠어. 관 좀 뜯어서 보게 해달라고 하시는 사모님을!』

『참, 그렇지 않겠어? 하나도 아니고 두 아들을 우리 같으면 아주 기절해서 죽었을 것이여.』하면서 복순이는 바느질을 하던 손을 멈추고 눈물을 씻으려 수건을 집었다.

『그렇고말고, 또 못나게나 생겼다든지 믿음이 없다든지, 또 일제 말엽에 고생들이나 덜 했다든지 해도 덜 그럴 텐데……』하고는 막달이도 꼬부라진 손으로 눈물을 씻었다.

『아이, 그러나 그보다도 그 시체 넣은 관을 따라 가시면서 찬송가를 부르시는 손 목사님 좀 봐! 그 양반 사람 아니시라니까!』

『사람 아니고 말고, 엊그제 하시던 것 못 봤어?』

『아—글쎄 우리 속을 그렇게 태우시더니……』

그것은 반란사건이 여수에 발생하던 다음다음 날인가 싶다. 반란군의 한 패가 순천으로 갔다가 다시 쫓겨 오는 길이었는지 모르나, 반란군과 폭도와 학생들이 이 애양원까지 쫓아와서 애양원 직원과 손 목사님을 죽이겠다고 애양원 안으로 들어오려고 했다. 그때에 어떤 장로님이

『당신들 들어오려면 오시오. 만일 함부로 잘못 들어왔다가는 나병이 전염될지도 모릅니다.』라고 하니 맘대로 들어오지는 못하고 얼마동안 문 앞에서 총을 쏘고 하더니 그만 가고 말았다. 애양원 식구들은 자기의 목숨보다도 귀중히 여기는 손 목사님이신지라 자꾸 숨으시라고 해도, 숨으신다는 게 교회로 가시어 강대상 뒤에 앉아서 찬송가를 부르시거나 기도를 하시는 것이었다. 교인들이 교회 마루를 뜯고 숨으시라고 해도

『여러분의 뜻은 고마우나 하나님 품 외에 더 안전한 곳이 어디 있습니까?』 하시면서 절대로 숨지 않으시니 애양원 식구들의 마음은 무엇이라 말할 수 없었던 것이다. 지금 생각하면 그런 훌륭한 분이 어디 있을까 해도 그때에는 그것이 미울 만큼 답답했었다. 밤에 잠도 잘 자지 못했던 것이다.

『그 어른은 참 성자란 말 듣게 생겼어!』

『어머니 나도 보았어. 사모님 지금도 계셔』하면서 들어오는 것은 복순이의 어린 딸이었다. 10월 25일에 이 슬픈 소식을 홍순복 씨로부터 들은 애양원 교회 제직과 외부 직원 일동은 화물 자동차를 내서 홍순복 선생과 양 집사가 공동묘지에 가매장한 시체를 찾으러 나섰다.

그것은 이제 손 목사님 부탁대로 두 순교자를 애양원 동산에 묻으러 함이었다. 그때가 마침 국군이 여수 지구 공격 중 임시 퇴각한 25일 다음 날인 26일인지라 재공격 태세였으니 그 경계는 매우 삼엄했다. 수백 대의 자동차 전차 야포차 할 것 없이 모두 여수로 향하는데 이 애양원 자동차만이 순천 쪽으로 달리니 그리 쉬울 리 없어서 몇 십번이나 조사를 당했다.

좌우간 많이 걸려야 왕복 두 시간 밖에 안 걸릴 거리가 시체를 운반해 왔을 때는 거의 저녁때가 되었다. 그리고 운반해 올 때 벌써 입관해 온 것은 아무래도 시체가 여러 날 지난 관계도 있지만 혹 가족들이 특히 사모님이 보자고 할까 봐서 미리 그렇게 했던 것이다. 그러나 사모님은 자꾸 관을 뜯어보자고 하시지 않는가? 또 한편 도착 되자마자 목사님은 그 뒤에서 「고생과 수고 다 지나간 후……」하시며 찬송가를 부르시면서 따르시는 것이었다. 관을 뜯자는 사모님이나 찬송가를 부르시는 손 목사님이나 모두가 눈물이었다.

이래서 1천 백여 명이나 되는 애양원 식구들은 아주 한 걸음도 외출 못하는 중환자 외에는 전부 어른, 애들 할 것 없이 모두 나와서 눈물을 흘리면서 그 관을 보았고 돌아가서는 또 눈물을 흘려가며 서로 이야기하는 것이었다. 애양원 전체는 초상집으로 변해서 내일 있을 영결식 준비에 바빴다.

『복순 씨, 아까 말한 만서(晩書) 쓸 것 주세요.』하고 밖에서 들리는 소리는 박 장로 음성이었다.

『이만하면 좋지!』하고 복순이는 열 자 가량 되는 하얀 명주를 반다지 속에서 꺼내서 막달이에게 보이더니

『이것뿐입니다.』하고 가져다 주었다. 보니 벌써 박 장로는 수건을 해 썼다.

『훌륭합니다. 그러면 오늘밤에 써서 내일 아침에 갖다 드릴게 막대기는 준비 하세요.』하면서 대답도 안 듣고 가버린다.

『네』하고 대답은 했으나 잠간 생각하니 긴 막대기가 구하기 어려울 것 같아서

『바지랑 대라도 하지』하고 군소리처럼 말하고는 다시 바느질을 계속했다.

『나도 가서 내 주어야지』하면서 곁에서 보던 막달이도 나갔다.

『사모님, 이 세상에서 한 사람의 순교자를 내는 것도 온 천지를 진동시키는 법인데 둘씩이나 났으니 그 얼마나 놀랍고 영광스러운 일입니까?』

하면서 슬퍼하시는 사모님을 이인제 전도사는 위로해 드렸지만 이 말도 사실은 사모님에게는 큰 위로가 되는 것 같지 않아서 어떻게 할지를 몰랐다. 실은 어제 그만 기절했던 사모님은 줄곧 정신없어 하시니 무슨 말로 위로를 드릴 수가 없었는데 하룻밤 지난 오늘도 역시 마찬가지이시다. 그보다도 오늘은 시체를 가지러 자동차를 보낸다니 이제부터가 큰일이다.

어제 들으니 손 목사님은 자기 두 아들 죽인 자들을 용서해 주어서 자기 아들을 삼겠다고 했고, 또 동인이 동신이를 이 애양원에 묻어달라고도 했으며, 홍순복 선생을 만나자 드리던 기도도 신앙적이었다고 했는데 그래도 밤새도록 또 지금까지도 넋 잃은 사람 같지 않은가!

『내 죄가 너무나 중하고 많아서 그렇게 고생고생 하고도 남 못 당할 일을 또 당하지 않았느냐?』고 하는 말을 손 목사님이 가끔 비치는 것으로도 그 마음의 한 구석을 엿볼 수 있었다. 그러자 조반이 다 되었다고 식사를 하자고 밥상을 들여오는 것이었다.

이인제 전도사도 별로 밥 생각이 없지만 자기가 안 먹으면 어제 저녁도 굶은 손 목사님 역시 안 잡수실 것 같아서 하는 수 없이 밥상을 받기로 하고 손 목사님을 권하고자 하는 것이었다.

『이 전도사 감사 기도하시오』하시고 손 목사님은 고개를 숙이셨다. 고개

를 숙인 이 전도사는 무슨 말로 기도를 하여 감사드릴지 모르다가 우선 『하나님, 당신의 무한하신 사랑을 감사합니다.』

하고서 다음 말은 생각을 안 했었으나 다음과 같은 기도 말씀이 나왔다. 『모든 일이 합동해서 유익하게 하시는 당신의 은혜를 감사하는 것은 이미 바치려던 한 제물을 육년간이나 드렸어도 받지 않으시고, 속세에 과히 물들지 아니한 천진하고 귀한 두 제물을 한꺼번에 받으신 섭리입니다. 무슨 뜻이 있어서 그렇게 하셨는지 우리들은 모르오나 주의 뜻이 있어서 그렇게 하신 줄 믿사오니 그 뜻 보여 주옵소서. 우리가 주님의 이 예비하신 식물을 취해서 그 뜻을 따르는 생활을 실천하게 하여 주옵소서. 주의 이름으로 기도합니다.』하는 기도를 드리었다.

이 기도의 말씀이 끝나자 손 목사님의 눈에서는 무슨 빛이 나는 듯

『허허허허!』하고 한 번 웃으시고는

『이 전도사님! 실로 감사합니다.』하시더니 의외로 아침 식사도 잘 하시는 것이었다.

그 후부터는 문자 그대로 범사에 감사하시는 것이었다. 이미 바쳤던 한 제물을 안 받으신 하나님께서 두 제물 불러 가셨으니 안 받으신 한 제물의 할 일이 있음을 깨달음인지!

그래서 속세에 나가서 신앙의 승리를 하고 오는 순교의 두 제물을 개선장군이나 맞이하듯이 맞으시면서 「고생과 수고 다 지나간 후…」를 부르시며 관을 따르시는 것이었으니 오히려 다른 이들에게는 눈물 흘리시는 것 이상의 슬픔이요, 경이(驚異)의 위로가 되는 것이었다.


『이만하면 되겠지요? 장로님!』

『잘 됐는데요, 널찍하고도 또 깊숙하게.』

『어제 팔 적에 어떻게 땅이 부드러운지 몰랐어요.』

『물은 안 납니까?』

『아니오, 나도 처음에 팔 적에는 바닷가라 물 염려를 했더니 암만 파도 물이 안 나와서 참 기분이 좋았어요. 명당인가 보아요.』

『참 수고했습니다. 하나도 아니고 둘씩이나…….』

『제가 혼자 팠나요?』하며 싱긋 웃는다. 역시 방대식 청년은 호인이었다.

이곳은 애양원에서도 양지 바른 곳이요, 앞에 터진 바다가 보이는 동도(東島)라는 곳이다. 누래진 잔디밭이 위에서부터 아래로 깔렸는데 그 끝인 낭떠러지처럼 끊어진 곳이 바로 물결이 철썩이는 바다이다.

그 잔디밭에다 어제 애양원 교회 면려청년회원 일동이 김원태 씨 지휘 하에 쌍 묘자리를 판 것이었다. 청년들이 판 것이라 널찍하고 깊숙하였다. 오늘 영결식이 시작되기 전에 그 자리를 어떻게 팠나 보고자 온 신 장로는 벌써 두건을 쓰고 흰 두루마기를 입었다.

『그리고 땟장은 다 준비 되었습니까?』

『네, 대개 되었습니다. 조금 부족할지 모르겠습니다. 둘이 되어서요.』하니
『부족하면 나중에 더 마련하지요. 다들 어디 갔나요?』묻는다.

『아침 먹고 옷 갈아 입겠다고들 갔지요.』하니

『네, 잘 부탁 합니다.』하고 되돌아 애양원 쪽으로 가시는 신 장로의 두건이 바람에 날라 갈 뻔했다. 얼른 눌러 잡으면서 뒤를 돌아다보며 씩 웃는 신 장로를 방대식 청년은 못 보았는지 삽을 들고 무덤 속을 무심히 들여다보는 것이었다.

시월도 이십칠 일 아침.

어젯밤 철야를 한 애양원 교회 직원들과 그 식구들은 이 밝는 날이 밝지 않았으면 싶었다.

> 높고 맑은 하늘에는 점점이 구름 떠돌고,
> 단풍을 스치는 바람은 으스스 추운 기운이 돈다.
> 바다는 푸르러 하늘 밑으로 멀리 터지고,
> 무심한 갈매기 수평선에 십자가를 그린다.
> 저 멀리 뵈는 곳은 요단강 건너일까?
>
> 추풍에 떨어지는 잎 그 누가 시원타 하랴?
> 첫 봄에 피다 꺾인 꽃 또 보고 싶어라.
> 주께서 예비하신 곳 그들이 갔을 줄 아나,
> 땅위에 불행한 일생을 아는 자
> 눈물로 바다를 이루네.

삼백여장 가지가지의 만서가 바람에 휘날리는데, 밤을 새워서 해 입은 흰 옷을 입고 모여 온 근 천명의 애양원 식구들! 시체를 넣은 두 관을 앞에 놓고 정연히 둘러섰다. 천사들이 옹위한 흰옷 입은 성도들처럼······.

이렇게 그 유가족들과 함께 영결식은 진행되는 것이었다.

『이인제 전도사께서 설교해주시겠습니다.』하고 사회하는 이는 박동수 장로였다. 머리에 두건이 약간 작은 듯 가끔 벗겨지려고 한다.

「날빛보다 더 밝은 천당 믿는 맘으로 멀리 뵈네」의 찬송가도 눈물 속에 불리고, 간곡한 개회 기도도 박춘갑 장로의 울음 섞인 목소리로 드리고 나서,

성경 낭독과 찬양이 있은 후 순서에 따라 이 전도사의 설교를 듣는 것이었다.

『나는 오늘 이 순교한 성도들의 장례식에 참석하게 된 것을 무한한 영광으로 생각합니다. 평소에 학교에서, 혹은 서재에서 순교자들의 전기를 볼 때마다 너무나 그 일이 아름답고 부러워서 견디지 못했는데, 오늘 우리 눈으로 순교자의 모습을 목격하고 우리 손으로 장사하게 되니 이런 영광스러운 일을 무엇으로 형용할 수가 있겠습니까.』하고서 요한계시록 11장 1-11을 읽은 이 전도사는 약간 홍조(紅潮)를 띤 긴장한 얼굴이 두건 밑에서 더욱 붉어보였다. 이어서 말씀한 설교의 요지는 다음과 같았다.

『이 우리 앞에 되어진 사실은 우연히 발생한 사건이 아니고 제가 읽은 성경 말씀대로 하나님의 큰 섭리가 있는 것 같습니다. 요한 계시록 제11장은 그 다음 12장 13장과 함께 말세에 지상에 있는 교회가 적(敵) 그리스도(짐승)로 더불어 분투하는 광경을 묘사한 예언인데, 11장에 있는 굵은 베옷 입은 두 증인은 주의 복음을 전하는 말세의 교회를 상징한 것입니다. 교회란 이 땅 백성의 죄를 위하여 울어야 하는 동시에 또한 모세와 엘리야 같이 권능 있게 증거 하는 사명을 다 하여야 하는 것입니다.

본문 11장 7절에 무저갱에서 올라온 집짐승이 저로 더불어 싸워 이기고 또 죽었다고 하였습니다. 이것은 무엇을 예언한 것입니까? 오늘 우리가 당한 이 일이 곧 이 예언의 일부를 사실대로 성취 한 것이 아닐까요? 바야흐로 무저갱의 짐승은 올라왔습니다. 이 두 순교자를 사격한 동창 학생들의 마음은 마귀가 준 짐승의 마음이 아니고 무엇이겠습니까? 이번에 순교당한 사실은 여기 예언된 것이 글자 그대로 성취된 것 같습니다.

두 증인의 시체는 3일 반 동안 거리에 버려둔 채 장사 못 하게 되었었는데, 순교자의 수도 또한 둘이요 장사를 못 하고 시체를 버려둔 것도 그러합니다.

이상스러우나 이 성경 예언이 성취 된 것을 보아 3일 반 후 다시 살아난다는 예언도 또한 성취될 것입니다.

이 3일 반은 무슨 의미를 가리킬까요? 아마 세상 끝 날에 되는 모든 성경의 예언을 말함이니 적그리스도(짐승)의 활동기간(혹 3년)을 상징한 것이요, 그 기간이 끝나면 우리 주님 재림하실 터이니 그때 주를 위해 순교한 종들이 제일 먼저 부활할 것입니다.

이 첫째 부활의 영광이 어떠하랴! 오— 여러분, 오늘 우리는 이 순교한 성도들을 장사 지내지마는 삼일 반만 기다리면 됩니다.』

하면서 있는 힘을 다 들여 설교를 하니 둘러 선 애양원 식구들은 그 유가족들과 함께 큰 위로를 받는 듯 고요하다. 아니 사람들뿐 아니라 단풍 든 나무들도, 뒤에 서 있는 집들도, 멀리 뵈는 산들도 앞에 터진 바다도 고요히 이 설교를 듣는 것 같았다.

마치 헛된 것에게 굴복하기 싫은 창조받은 만물들이 하나님의 뭇 아들들이 나타나기를 기다린다는 듯이, 하나님을 사랑하고 그 뜻대로 부르심을 입은 자들에게는 모든 일이 합동해서 유익하게 되는 줄을 믿는다는 듯이……. 가끔 훅훅 느끼는 울음소리가 적막을 깨뜨릴 뿐이다. 설교는 다시 계속 되었다.

『여러분, 이 동인, 동신 군은 총살당할 사형장에 가면서도 자기를 죽이려는 친구들에게 예수를 믿으라고 권면함은 물론이요, 대중들을 향하여 두 번이나 회개하고 예수를 믿으라고 최후까지 증거하고, 부모를 생각해서 서로 자진해서 자기가 죽고 서로들 살리려고 해 가면서도, 죽음에 임해서는 총탄을 받으면서도 큰 소리로 「주여! 내 영혼을 받으시옵소서」하고 증거하였으니』

하는 소리는 힘찬 눈물 섞인 소리였다.

『우리도 이들의 신앙과 성실을 본 받아서 최후까지 주를 증거하다가 주 앞에서 함께 만나게 되기를 바랍니다.』하고 눈물 고인 눈을 뜨고 단을 내려섰다.

뒤를 이어 안타까운 약사(略史), 가슴을 여이는 애도사, 주께 호소하는 찬양 등이 있은 다음에 손 목사님에게 답사할 순서가 돌아왔다.

단에 올라 선 작은 키를 두건이 높이어 주는 듯, 흰 두루마기 입은 손 목사님은 가을바람처럼 냉정하시다고 할까, 터지기를 기다리는 화산처럼 무겁다고 할까!

『여러분, 내 어찌 긴 말의 답사를 드리리요. 내 느낀바, 은혜받은바 감사의 조건을 들어 답사를 대신하겠습니다.』

하는 목소리는 울어서 쉬신 까닭인지 기도에 쉬신 까닭인지, 둘러선 무리들은 숨을 죽이고 들었다. 무엇인지 적어 가지고 나오신 종이쪽지를 들고 보시면서

『첫째, 나 같은 죄인의 혈통에서 순교의 자식을 낳게 하셨으니 하나님께 감사합니다.

또 둘째로, 허다한 많은 성도 중에 어찌 이런 보배를 주께서 하필 내게 맡겨 주셨는지 주께 감사합니다.

셋째, 삼남 삼녀 중에서도 가장 아름다운 두 아들 장자 차자를 바치게 된 나의 축복을 감사합니다.』라고 드문드문 쉬어 가면서 눈물 섞인 소리로 읽으셨다.

일동은 이제까지 듣던 귀 대신 눈물의 눈을 떴다. 〈도대체 저 목사님이 진정으로 말하는 소리인가, 할 수 없어서 하는 소리인가〉 싶어서이다.

『또한 넷째로 한 아들의 순교도 귀하다 하는데 하물며 두 아들의 순교이리

요, 감사만만 합니다.』하는 목소리는 더 크게 들린다. 종이를 든 손이 약간 떨리는 듯했다.

『다섯째, 예수 믿다가 자리에 누워서 임종하는 것도 큰 복이라고 하는데 하물며 전도하다가 총살 순교 당함이리요, 참으로 감사합니다.

여섯째, 미국 가려고 준비하던 내 아들 미국보다 더 좋은 천국 갔으니 내 마음 안심되어 감사합니다. 그 다음에는 나의 사랑하는 두 아들을 총살한 원수를 회개시켜 내 아들 삼고자 하는 사랑하는 마음 주신 하나님께 감사합니다.』 일동은 어-ㅇ 하는 울음소리와 함께 또 깜짝 놀랐다. 정말 저 목사님이 이상스러운 말씀하신다고! 그러나 벌써 그 부탁을 받고 순천 갔다 온 사람이 있음을 아는 사람은 놀라지 않았을 것이다.

『일곱째, 내 두 아들의 순교의 열매로 말미암아 무수한 천국의 아들들이 생길 것이 믿어지니 우리 아버지 하나님께 감사 감사합니다.』

일동은 이제야 목사님의 그 깊은 감사의 뜻을 알았다. 눈물은 다른 의미에서 더 쏟아졌다.

『여덟째, 이 같은 역경 속에서 이상 여덟 가지 진리와 하나님의 사랑을 찾는 기쁜 마음과 여유 있는 믿음 주신 우리 주 예수 그리스도께 감사 감사합니다.』 그의 얼굴은 유달리 백옥같이 희였다.

『끝으로, 오 - 주여 나에게 분수에 넘치는 과분한 큰 복을 주신 하나님께 감사하며 영광을 돌리나이다. 오늘 이 사건은 분명히 옛날 내 아버지, 내 어머니께서 새벽마다 부르짖으시던 35, 6년간의 눈물로 된 기도의 결정이요, 나의 사랑하는 나환 형제 자매들의 23년간 나와 내 가족들 위해서 기도해준 그 열매로 확신하며 여러분에게도 감사드리나이다.』

영결식은 이 감사로 일관한 답사로 그만 눈물의 골짜기가 되고 말았다.

약 두 시간 후 바늘 하나 세울 틈도 없이 쫙 둘러 선 성도들! 영결식에 참석했던 애양원 식구들은 입은 옷 그대로 애양원 학생과 청년과 제직들에게 들리워 애양원 안을 뺑뺑 돌아서 이리로 온 두 상여를 따라서 하관식에 참석했다. 한가운데 어제 파 놓은 한 쌍의 묘를 두고 둘러선 유가족을 위시한 백의의 성도들은 찬송 부를 때에 울고, 설교들을 때에 흑 흑 느끼고, 약사와 애도사에 눈물을 쏟고 손 목사님 답사에 놀라면서 울었고, 시체 운반 될 때에 마음껏 울었건만, 막상 시체를 다시 지하에 묻으려 하니 이제는 말 못하는 시체 나마도 못 볼 생각을 하고, 이후로는 한줌 흙으로 될 생각을 하게 되면서

　남해도 거쳐드는 바다 바람처럼

　지구를 둘러 싼 바다 물결처럼

　한숨과 눈물이 끝없이 자꾸 쏟아진다.


「만세 반석…열…니…내가…갑…니다.」하는 찬송가도 제대로 계속이 못 되고 데살로니가 전서 4장 13절로 18절까지의 성경 낭독도 귓가에서만 돌고, 이인제 전도사의 간곡한 목메인 기도 소리도 은혜를 받도록 그 여유를 안 주는 슬픔, 눈물, 울음, 울음 슬픔!

　눈물은 물결처럼 쉬지 않는다.

　한숨은 바다처럼 끊이지 않는다.

　인간들아 울어라 실컷 울어라.

　슬픔이 웃음보다 아름다우니 얼굴에 근심을 띠움으로 더욱 선하단다.

　미련한 자의 마음은 연락하는 집에 있으되

　지혜로운 자의 마음은 초상집에 있단다.

　울어라 앞에 터진 바다를 향하여.

고함쳐라 위로 터진 창공을 향하여.
고해의 바다이냐? 눈물의 바다이냐?
유유한 창공아 왜 말이 없느냐?
양양한 바다야 왜 잠잠 하느냐?

# 제 6 장

# 사랑의 원자탄

　반란 사건을 정신없이 치룬 것도 치룬 것이지만 사건 후 승주교회 신자들 중에, 혹은 신자의 친척 중에 애매하게 체포되어서 처벌당하는 것을 이리저리 주선해서 구해주느라고 바빴던 나덕환 목사님은, 아직도 머릿속이 멍하고 그 처참한 정상이 눈앞에 어른거려서 밤이 되어도 잠이 안 오고 아침이 되어도 일어나고 싶지 않았다. 더구나 그 여독인지 어제 아침부터는 몸이 좀 무겁고 열이 있는 것 같아서 자리에 누워 계셨다. 이때에

　『아이, 동희 아니냐?』하고 마당에서 소리친 순금이는 동희 대답은 들을 사이도 없이 방을 향해서

　『아버지, 어머니, 동희 왔어요.』 한다.

　「동희」 소리에 깜짝 놀란 이는 나 목사님이시다. 나 목사님은 자기는 오남매 아이들이 하나도 이번 반란 사건에 피해를 입지 않았는데, 자기에게 부탁하고 순천에 오남매를 보내서 공부를 시키던 친구 손양원 목사는 위로 두 아들의 죽음을 당했으니 말이다. 그러니 무슨 특별한 책임이야 없더라도 의리상 자기는 무슨 큰 죄를 진 것만 같았다. 그래서 밤낮으로 마음에 괴로움을 느끼던 참인데, 동희가 왔다고 하니 다른 때, 다른 일 같으면 반갑기 짝이 없

으련만 이번엔 마치 손 목사님을 대신 대하는 것 같아서 이 아이를 어떻게 대할까 하고 당황했던 것이다.

물론 순교를 했으니 그들의 최후가 빛났으며, 또 애양원에서 •성대히 장례식을 했다고 하지만 그 일은 나 목사와는 별개 문제이고 인정상으로는 또 다른 문제가 아닌가 싶었다.

그래서 누웠던 자리에서 벌떡 일어났으나 「동희야 들어오너라」 소리가 얼른 안 나오는데 순금이는 이것저것도 모르고

『일루 들어와, 아버지 이 방에 누워계셔서.』 하면서 안내한다.

시계가 열시를 치는 소리가 났다.

방으로 들어오는 동희는 어쩐지 수심이 가득한 것 같기도 하나 어떻게 보면 냉정한 것 같기도 했다.

물론 그러리라 싶어서 나 목사는 말이 안 나오는데 부엌에서 설거지를 하시던 나 목사 부인이 뒷문으로 들어오더니 대뜸

『동희야! 아버지, 어머니 얼마나 슬퍼하시데?』 하니

『네, 대단히 슬퍼하셨어요. 어머니는 기절까지 하시고 아버님께서도 많이 우셨어요. 그러나 깨끗하게 순교하게 되어서 감사 하시다고 하고 영결식 때는 아홉 가진, 열 가진가 감사한 조건을 들어서 말씀하셨어요.』

이 말에 나 목사님은

『무엇이라고, 감사하시데?』 하고 물으니

『다는 못 외어도 우리 집에서 그렇게 훌륭하게 순교한 두 오빠가 생긴 것, 또한 한 순교자가 아니고 둘이요, 또 끝이 아니고 맏이로 둘을 바치게 된 것 감사하고, 또 살려고 빌다가 죽은 게 아니라 전도하다 쓰러졌으니 얼마나 감사하냐고 하셨어요. 또 미국 가는 대신 천국 갔으니 좋고 또…….』

하고 할 말을 생각한다. 이 말을 미처 다 듣지 못 했으나 나 목사님은 놀라지 않을 수 없었다.

「나 목사님께서 힘을 안 써 주어서 우리 두 오빠가 죽게 되었다고 원망 하십니다.」하는 소리가 차라리 듣기 좋을 것만 같았다.

「깨끗하게 순교를 했다는 둥 감사하다는 둥」하는 것은 참으로 앉아서 그대로 들을 수 없는 소리였다.

과연 손 목사님이시다.

23년간이나 나환자와 함께 생활 해 온 못난이 같이 보이는 목사요, 육년간이나 신사참배 반대로 유치장, 형무소, 구금소에서 옥중생활을 하신 손 목사님이시기도 하지만, 가장 사랑하는 아들 둘을 살해당하고도 깨끗하게 순교했으니 감사하다고 하였다니 과연 인간으로서 생각하고 말할 수 있는 일이겠는가?

나 목사님은 이런 말을 들으면서 눈물이 자꾸 나오지 않을 수가 없었다. 그러자 정신이 번쩍 나면서 일전에 누가 와서 전하여 준 손 목사님의 부탁을 잊은 것은 아니지만 다시 이상스럽게 생각이 들었다. 말씀하시기를

「내 아들 죽인 사람들이 잡히거든 절대로 사형시키지 말고 때리지도 말게 해 달라고, 그러면 내가 전도해서 회개시켜 예수 믿게 하여 내 아들 삼겠다」고 하시더라고.

그래서 이 말을 나 목사 자기에게 부탁해서 손 목사 대신 좀 힘써 달라고 부탁하였다. 그러나 처음에 이 말을 전해들은 때에는 그럴듯하게 생각이 들었으나, 그래도 그럴 수가 있나 싶어서 용기가 안 났다. 아무 죄 없이 애매하게 당하는 이들을 변명하기도 여간 힘이 들지 않던 경험이 있는 나 목사에게는 죄 있는 사람을 용서해 달라기는 도저히 생각할 수 없는 소리 같아서 입이

벌어질 수 없는 문제라고 생각했었다.

그러한데 지금 동희가 와서 그 말을 하니 새로운 용기가 나서

『또 아버님께서 하시는 말씀 없데?』하고 물으려는데 동희는

『그리고 또 두 오빠 죽인 이를 회개시켜서 아버지 아들 삼고 싶은 사랑하는 마음 주신 하나님께 감사드린다고 하셨어요.』한다. 그러더니

『그래서 제가 지금 얼른 온 것은 먼저도 박 장로님을 보내서 말씀하셨다지만 저더러도 나 목사님께 꼭 그 일을 위해 속히 수고 좀 해 주시도록 말씀드리라고 해서 왔어요. 애양원에서도 이 일 위해서 기도하시겠다고요.』한다.

20세기의 기적이 아니고 무엇일까?

멸망당할 이 세상을 불쌍히 여기사 독생자 예수를 이 땅에 보내주신 하나님의 무한하신 사랑과, 죽을 인생을 구원하시려고 십자가상에서 보혈 흘려 대속해 주신 우리 주 예수 그리스도의 사랑!

이 사랑에 감격하여 그 일생을 바쳐 주의 뜻대로 살려던 모든 순교자들과 성도들의 생애가 놀라웠듯이, 내 두 아들 죽인 사람을 살려서 내 아들 삼겠다는 소원이야말로 독생자를 주시기까지 하신 하나님의 사랑을 느끼지 않고서야 어떻게 가질 수 있는 성도의 소원이며, 외아들 이삭을 서슴지 않고 바치려던 아브라함의 신앙을 소유하지 않고서야 어찌 말할 수 있는 부탁이랴! 또한 다른 민족끼리의 싸움은 물론이려니와 동족 살상을 일삼는 사상전이 극도로 심각해진 때임에랴! 아니 소위 정의를 부르짖고, 사랑을 내세우면서도 속에는 노략질을 일삼는 교회상을 볼 때…….

〈내 어찌 이 사명을 부탁 받고 그대로 가만히 있을 수 있으랴! 만일 내가 가만히 있어서 이 일을 이루지 못할진대 내게 화가 미칠까 두렵다. 되고 안 되는 것은 하나님 뜻에 있겠지만 나는 나의 책임을 다 해야 하지 않겠느냐. 아

니 나를 통해서 하나님의 뜻이 이루워질른지도 모른다.)하고, 이렇게 생각이 들자 나 목사님은 무겁던 몸이 거뜬해져서 자리에서 일어나고 있는데, 아침에 나갔던 나 목사님의 아들이요, 특히 동신 군과 매우 친하게 지내던 나제민 군이 좇아 들어와서는

『아이고 동희, 너 왔구나』하더니 다시

『아버지, 동인이 동신이 죽인 학생이 잡혔어요. 그래서 학생연맹에서 조서를 만들어 가지고 국군에게 넘긴다고 해요.』하면서 그대로 소문처럼인지 무슨 급한 보고나 하는 듯 숨을 헐떡거리며 와서 이 말을 하는 것이었다.

그러나 나 목사님은 하나님께서 주시는 다시없는 기회이다 싶어서 동희에게 다녀오겠다고 일러 놓고는 제민 군을 앞세우고 급히 나가셨다.

『아이고, 나 목사님 돌아오시네.』하고 누가 밖에서 말하는 소리를 들은 순금이와 동희는 밖으로 좇아 나왔다. 어떻게 되었는지 물으려고 했는데, 나 목사님은 누군지 모르나 어쩐지 기운이 쑥 빠진 것 같은 60세가량의 노인 한 분과 함께 예배당으로 들어가시더니 그 노인과 함께 강대상 가까운 쪽으로 가서는 기도하시려는지 함께 엎드리셨다.

또 누가 애매하게 체포되어 총살을 당했거나 또는 무슨 활동을 부탁드리러 온 사람이려니 하고 기도가 끝나기를 기다리는데 웬일인지 얼른 나오시지를 않는다. 나 목사 사모님도 또 다른 아이들도 기웃거렸으나 여전히 기도하시는데, 울음 섞인 기도 소리가 교회당 안을 울리고 있을 뿐이었다. 그 사람이 누군가 싶어서 나 목사 사모님은 가만히 교회 안으로 들어가 보았다. 누군지 보지 못하던 노인인데 나 목사의 기도 중에 〈특히 스데반의 순교를 통해서 사울을 바울로 만드신 하나님이시여, 이 노인의 아들을 불쌍히 여긴다

는 것보다도 주의 영광을 위하여 손 목사님의 소원을 이루어 주서야겠습니다. 인간의 힘으로는 어떻게 할 수가 없습니다. 큰 능력 베푸사 일하고자 하는 나에게나 듣는 사람에게 감화 감동시켜 주서야 이 일을 이루겠습니다. 아버지! 20세기의 기적을 사람들에게 보여 주서야 이 나라, 이 백성, 이 인간이 다 살겠습니다.)하는 말이 들렸다.

그러면 어떻게 되어서 나 목사님이 이 노인을 데리고 돌아오시게 되었던가?

제민이를 앞세운 나 목사님은 먼저 그 학생이 잡혔다는 조선은행 곁 대학당인 학련 사무실로 쫓아가셨다. 가니 쑥 둘러선 학생들은 벌써 그 학생을 얼마나 두들겼는지 많은 상처를 입고 드러누워 있었고, 더욱 눈물겨운 것은 그 학생의 어머니로 보이는 오십이 넘은 듯한 노부인이 그 학생을 안고 앉아서는 울면서 비는 것이었다.

그러나 빌건 말건 학생들은 조사를 다했다는 듯이 나머지 문초를 하는 것이었다.

『그래 이 자식아, 총을 네가 안 쏘았으면 누가 쏘았단 말이냐?』하고는 또 때리려고 덤비는 것을

『아이고 학생들』하면서 어머니가 막아선다. 『그러나 죽은 시체에다 쏘아보았습니다.』하고 겁이 나서 하는 소리였다.

『야! 이 자식아, 오죽 미워했어야 그가 죽은 다음에 네가 또 쏘았겠느냐? 그래 누가 죽은 다음에 쏘았단 말이야?』하고 물으니

『동신이가 죽은 다음입니다.』고

떨리는 목소리로 간신히 대답을 한다. 이렇게 문초를 해서 조서를 꾸미는

학련 학생들은 모두들 분이 머리끝까지 치밀어 있었다. 그때는 국군이 진주했으나 손이 미치지 못해서 대한 청년단에게와 학생연맹과 경찰서에서 특권을 주어, 반란 사건에 가담했던 사람은 남녀노소 학생 여부를 막론하고 판명되는 대로 취조해서 군법재판으로 넘기는 것이었다.

그러니 애매한 사람들도 있었겠지만 대개는 그 사실을 어느 정도 알게 된 다음에 취조하는 것이었다. 생명이 왔다 갔다 하는 문제이니 경솔하게 할 수는 없었다. 그래서 그 학생도 확실히 좌익 학생들에게 가담해서 총을 메고 돌아다녔고, 또 총살하는데 가담했다고 알려졌기 때문에 체포당해 왔던 것이다. 그런데 아니라고 부인을 하니 죽이는 것은 둘째로 치고 미웁기 한이 없어서 상당히 두들겨 주었는데, 그의 어머니는 내용을 알고 그러는지 모르고 그러는지, 우리 아들은 안 그랬을 것이라고 변명이라기보다 애걸을 하는 것이었다.

곁에 서 있던 젊은 국군 한 사람은 처음부터 끝까지 자세히 듣고 보면서 피의자의 동향을 잘 살피는 것이었다. 이 광경을 본 나 목사님은 서슴지 않고 앞에 나서면서

『여러 학생들, 대단히 수고합니다. 제가 한마디만 말씀드리겠습니다.』하니 곁에 섰던 어떤 학생이

『당신 누구요?』한다.

『나는 승주교회 나 목사요.』라고 대답을 하려는데

『제민 군의 아버지시오.』하고 곁에서 어떤 학생이 말을 했다.

『아! 그러십니까. 네 무슨 말씀이십니까?』하고는 취조 담당한 학생이 반문했다. 나 목사님은 여러 학생들이 수고한다며, 한마디 꼭 하고 싶은 것은 자기가 특별한 부탁을 받았는데 다른 게 아니라 이번에 피살당한 동인, 동신군

의 아버지 되시는 손양원 목사님께서, 다른 이들은 몰라도 자기 두 아들 살해한 범인은 누가 되었던지 꼭 처형하지 않게 해 달라고 하시는 부탁이라는 말을 간곡히 하였다. 즉 죽이기는 고사하고 때리지도 말아 달라는 것이다. 그러면 자기 아들을 삼아 회개시켜 그 살인한 죄에서 구원시키겠다는 말이었다.

이 말을 듣자 어떤 학생은 비웃는 어조로 그런 말씀할 때가 아니라는 둥, 그런 말씀하면 다른 사람에게 오해를 받겠다는 둥, 이것은 우리 맘대로 하는 일이 아니라는 둥 하며 말을 듣지 않는 학생들도 있으나, 어떤 학생은 눈물을 머금고 아무 말도 못하는 학생도 있었다. 아무 말 없이 이상한 소리 한다고 생각하는지 앉아 있다가 힐끗 쳐다보고 나가는 젊은 국군을 붙잡고 나 목사님이 다시 말하니, 역시 그런 싱거운 소리하고 다니지 말라고 하면서 대답도 않고 나가버린다. 다만 이 말에 어떻게 된 영문인지 알아보려는 이는 그 붙잡혀온 학생의 어머니였다. 애절한 표정으로 나 목사님을 유심히 쳐다보는 것이었다. 이렇게 되고 보니 말해 볼 데 없는 나 목사님은 하는 수 없이 순천 경찰서에 가서 서장 이하 몇 사람에게 이 말을 전했다. 그러나 그들은 지금은 계엄령(戒嚴令) 아래이니 국군에게 말하라고 하면서 피한다.

다음에는 국민회에 유력한 오 모라는 분을 찾아 가서 사정을 했으나, 듣기는 고사하고 그런 소리는 차라리 않는 것이 나 목사 자신에게도 유리할 것이라고 충고를 하지 않는가? 그러니 더 이야기 할 데가 없었다.

그래서 단념을 하고 돌아오면서 경찰서 앞을 지나려는데 어떤 노인이

『당신이 나 목사라는 이 아니시오?』하고 묻고 나선다. 그렇다고 하니 자기가 재선이 아버지라고 한다. 재선이가 누구냐고 하니 저기 학련에 잡혀 온 학생이 자기 아들이라고 한다.

『예— 저 손 목사님 두 아들 죽였다고 해서 잡혀온 학생의 아버지십니까?』

하고 물으니 눈물을 머금고 그렇다고 한다.

『왜 그러십니까?』하고 물으니, 아까 학생연맹에 갔다가 자기 마누라에게 들으니 나 목사라는 이가 자기 아들을 용서해 주자고 했다기로, 어떻게 그런 양반이 있나 해서 반갑기도 하고 또 한편 자기 아들은 그런 짓 안 했을 것 같으므로 꼭 구해달라는 부탁도 할겸 해서 경찰서로 나 목사님이 갔을 것이라는 말을 듣고 찾아가는 중이라는 것이다.

나 목사님은 그 말을 듣고 한참 있다가 그 노인을 데리고 같이 주께 기도를 좀 해야겠다고 생각하고, 생전 예배당이라고는 예자도 모르는 노인을 데리고 예배당에 온 것이다. 오는 도중에 손 목사님에 대한 이야기를 다 했다. 이 노인은 「광주 형무소」라는 말이 나올 때에 깜짝 놀랐다. 그것은 자기가 일제시대에 경제범으로 광주 형무소에 있을 때에 어떤 유명한 목사가 있었다는 이야기를 들었던 까닭이었다.

좌우간 이야기를 하는 동안에 이 노인은 돌로 지은 예배당에 들어오고, 아무것도 모르나 목사가 하는 대로 고개를 숙이고 눈을 감고는 기도하는 모양을 했다.

〈그저 그저 우리 아들을 살려 줍시사〉하고, 재선이 아버지에게는 나 목사가 드리는 기도가 무슨 주문을 외우는 소리같이 들렸던 것이다.

재선이 아버지는 어떻게 생각했던 간에 나 목사님이 함께 오는 동안에 전도를 했더니 믿다 뿐이겠냐고, 하나님을 모르는 사람이 어디 있겠느냐고, 묻기도 전에 다 아는 것처럼 대답하는 것은 사정이 급한데 대한 방법이라고 하겠으나, 그래도 어딘지 모르게 좀 든든한 기분을 주는 뚱뚱한 노인이었다. 함께 교회로 들어가서 기도를 드리고 나서 나 목사님은 하나님께로부터 좀 더 능력을 받은 것같이 느끼면서 교회를 나설 때, 연락을 해 주려고 제민 군이 또 다시 쫓아왔다.

『그 학생이 팔왕카페로 갔습니다.』하니 엉겁결에 무슨 말인지 몰라서 나 목사님은

『무엇? 카페로 가다니?』하고 반문을 했다.

『국군 주둔한 곳이 팔왕카페에요.』하고 대답했다.

곁에 섰던 재선이 아버지는 무슨 말인지 모르고 그리로 옮겼다니 말할 것도 없이 사형장으로 가게 된 줄로 알고

『아이고 큰일 났습니다. 이를 어떻게 합니까?』하면서 눈물을 쏟는다.

『염려 마십시오. 아직 결정된 것은 아닐 것입니다.』하고 확실히 모르면서도 덮어 놓고 위로를 해 주었다. 그래서 이들은 궁금하게 여기는 나 목사 부인이나 동희, 순금이를 남겨 놓고 다시 재민이가 인도하는 대로 팔왕카페라는 곳으로 찾아 가는 것이었다.


『나 목사님 어떻게 해서든지 살게만 해 주십시오.』하면서 몇 번이나 부탁을 하는 재선이 아버지를 돌아다 볼 사이도 없이 쏜살같이 나 목사는 재선이가 가르쳐 주는 팔왕카페 앞까지 오자, 누구에게 물을 것도 없이 쑥 들어가려는 나 목사를 수비하던 보초가 소리를 벌컥 지른다.

『여보, 여보, 그 누구요? 무슨 일이오?』하니

『예, 저는 나덕환 이라는 승주교회 목사입니다.』상당히 바쁜 모양이시다.

『무슨 말씀 좀 드릴 것이 있어서요.』하면서 명함을 빨리 꺼내서 보이니

『무슨 일이십니까?』하고 보초의 말하는 태도가 달라진다.

『네, 말씀은 다음에 안에 가서 드리고, 우선 대장님 좀 뵈오려고 합니다.』 하면서 슬쩍 안을 들여다보니 아까 학생연맹에서 본 국군이 서 있다.

『아이참, 저기 저 어른 좀 뵈려고 합니다.』 하면서 허락 여부없이 쑥 들어가니 보초도 밖에서 따라 들어오다가는 그만 어이없다는 듯이 그만 나가더니

『당신은 또 누구요?』 하고 뒤따라 들어오는 재선이 아버지를 막는다.

『나 저 애 애빕니다.』

대답하는 소리를 들으면서도 나 목사는 그 변명도 할 새 없이 그 국군에게 말을 하려고 했다. 그런데 옆을 보니 아까 학생연맹에서 본 그 학생이 누운 곁에서 그의 어머니는 여전히 눈물을 흘리면서 애걸하는 것이었다. 조서대로 하면 죽인 것이고, 제 말대로 하면 안 죽였다고 하니, 조사하는 국군 책임자로서는 어떻게 판정을 내릴 수 없을 때라 그 국군은 나 목사가 또 쓸데없는 소리 하러 왔구나 싶어서 조서를 뒤적거리며 멸시하는 눈치로 대한다. 나 목사님은 잠깐 국군에게 양해를 얻어서 재선이에게 몇 마디 물어 보았다.

『나는 승주교회에 있는 나 목사다. 조금도 숨김없이 내게 말을 해야 한다. 또 나는 네가 죽였다고 하는 두 학생의 아버지 되시는 손양원 목사님의 부탁으로 와서 말을 한다. 그래 정말 네가 반란 학생들에 가담하고 그 두 학생을 잡으러 다니고 또 총을 쏘았느냐?』

이 질문을 듣는 재선이는 놀라운 표정을 지었다. 그것은 물으시는 나 목사님의 태도가 저를 잡아다 죄인으로 결정 지어준 학련 학생들의 태도와는 말할 것 없이 다르지만, 또 자기를 정죄하려는 국군들과도 다른 것 같기 때문이었다. 그보다도 제 진정한 속을 모르고 그저 내 아들이니 잘못이 없을 것이라고 살려 달라는, 아니 잘못했더라도 어리고 철없어서 그랬을 것이니 살려 달라는, 또 이다음부터는 무엇이든지 하라는 대로 할 터이니 살려달라는 육신의 무조건한 모성애에서 나오는 태도와도 다른 태도였다.

『목사님, 정말 죽이지는 않았습니다.』

『그래? 정말이냐?』『네, 정말입니다.』

『그러면 나는 네게는 상관이 없다.』

재선이는 물론 곁에 섰던 부모나 언제 들어왔는지 들어선 제민이와 또 국군 서너 사람까지도 이 무슨 소리인가? 싶어서 의아해했다. 나 목사님은 정중한 음성으로

『나는 손 목사님의 부탁의 말씀을 전할 뿐 아니라 그 일을 이루려고 왔다. 그것은 손 목사님께서 그의 두 아들을 죽인 사람들에게 한해서만, 그 복수 대신 용서해서 살려 달라는 것이고 그 이외는 말씀하시지 않은 까닭이다.』라는 눈물 섞인 말씀은, 형무소에서 직업적으로 일하는 교도관이나 강대상에서 청산유수로 하는 설교자의 말과도 달라서 그 무슨 힘이 있는 소리였다.

이 순간 재선이는 매 맞은 아픔 이상의 괴로움을 느끼는 것 같이 보이면서 일어서려는 나 목사님을 꼭 붙잡고

『목사님 살려 주십시오. 제가 가담했고 따라 다녔고 총질도 했습니다. 살려 주십시오. 목사님 살려만 주십시오.』했다. 이 말은 내가 죽였습니다. 하는 말과 같은 말일까? 다른 의미일까? 물에 빠진 사람이 지푸라기라도 잡는다는 격일까? 진정한 고백일까? 그 누가 재선이의 마음을 알 사람이 있을까! 다만 무소부지하신 하나님 이외에야!

그러나 자백하는 소리가 매에 못 이겨 할 수 없이 하는 말과는 또 달랐다. 반란군이 순천에 들어오자 좌익 학생들이 저를 부르러 와서 할 수 없이 따라 나갔다는 둥, 나가니 총을 메라고 해서 싫으면서도 총을 메었다는 둥, 그리고 나서 어딘지 모르고 따라가 보니 거기가 동인이 동신이 집이었다는 둥, 다른 애들이 때리니 안 때릴 수 없어서 때렸다는 둥, 끌고 와서 인민재판에서 사형 선고를 했기 때문에, 또 다섯 사람이 사격 명령을 받았기 때문에 하는 수 없

이 총을 쏘아 죽였다는 둥, 해서 소극적이고 피동적인 자기 죄상을 매를 맞을 때마다 대답하던 태도와는 아주 다른 태도였다.

『어떻게 죽였느냐?』하고 다시 물으니

『네, 사격을 했는데 다섯 명이 쏘았기 때문에 내 총이 맞았는지 안 맞았는지는 몰라도 쓰러진 동신이에게는 다시 두 번을 더 쏘아보았습니다.』했다.

이 얼마나 놀라운 고백이냐! 기술 없는 얼치기로 배운 사격법이니 물론 그럴 것이다. 학생연맹에서 따라온 학생들도 놀란 것은 재선이의 태도가 달라진 것이다. 사실이냐? 살기위한 거짓말이냐? 이를 아는 사람은 하나도 없겠으나 어느 정도 그의 심정을 엿볼 수 있었으니, 총의 탄환이 동인이 동신이를 맞춰 넘어뜨렸느냐 안 넘어뜨렸느냐가 문제가 아니라 그때에 가졌던 심정이 어떠했느냐가 문제일 것이다. 그때 그 심정은 동인이 동신이 뿐 아니라 자기에게 적이라고 보이는 인간이라면 모조리 죽이고 싶은 심정이었을 것 같다. 그랬으나 제 탄환이 안 맞았더라도 죽인 것만은 사실이요, 제 탄환이 안 맞았더라도 살인자의 죄명을 면할 수가 없는 것이었다.

『그러냐? 그러면 내가 힘써 보마. 네가 네 죄를 자복했으니 예수께서는 죄인을 구하러 오셨느니라!』고 나 목사님이 힘 있게 말씀하셨다.

이 말은 참 구속의 진리에서, 아니 그 진리를 이론이나 추상이 아닌 현실에서 보는 말씀이었다. 이는 죄를 자복하고 회개하고 그리고 구원을 원하는 심정에 대한 하나님의 아들 독생자 예수 그리스도의 인류 역사를 통한 과업이신 것이다.

이에서 용기를 얻은 나 목사님은 국군을 향하여 얼굴을 들고 가까이 갔다.

『여보십시오. 말씀 드리겠습니다. 아까 학생연맹에서도 말씀 들으셨겠지만 이 학생들 용서해주십시오.』하였다.

그 소리를 들은 조사 책임을 진 국군은 생각하기를 목사라는 것은 점잖고 훌륭한 줄만 알았더니 뻔뻔스러운 것 같다고 느꼈다. 그 학생이 자기는 무죄하다고 주장 했다면 용서해 주기 바란다고 해도 무방하겠으나, 그 학생이 방금 제 말로 제 죄를 자백 했음에도 불구하고 용서해 주라는 것은 무슨 뜻인지 모를 일이었다.

『여보시오. 그런 말 마시오. 저 학생이 제 죄를 고백 했는데.』하고 거부를 한다.

『네, 고백 했으니 용서해 달라는 말입니다. 고백 안 했는데 나로서는 용서해 주시라고 말씀하지 않았을 것입니다.』하고 나 목사는 강조를 했다. 그러나

『고백 했으니 더욱 못하겠습니다.』라고 국군은 간단히 거절을 한다.

『고백 했으니 해 주셔야겠습니다. 그것은 저의 요구라기보다는 그 두 아들을 살해당한 아버지 손양원 목사님의 간절한 요청입니다. 아니 우리가 믿는 예수님의 원하시는 바요, 하나님의 원하시는 바일 것입니다.』하고 다시 강조를 하니

『여보시오, 난 그런 소리 모르겠오. 이 바쁜데 연설 듣기 싫소. 그 무슨 모순된 말이요. 고백했으니 용서해 달라고?』 그러더니 국군은 담배를 꺼내서 불을 붙인다. 듣기 싫고 답답한 한숨처럼 담배 연기가 위로 올라간다. 국군은 한참 있더니

『여보시오 목사님! 그런 소리 말고 속히 돌아가시오. 더 말할 것 없소. 결정 되어진 일을!』한다.

〈결정 되어진 일이라고? 그렇다면 재선이를 사형수로 결정지어 준 이는 누구인가?〉 이 말에 나 목사는 깜짝 놀랐다. 결정짓도록 만들어 준 이는 바로

자기 자신이 아닌가 싶어서다. 자기의 물음에서 재선이의 자백이 나왔으니 말이다.

〈아이고 손 목사님은 살인자를 살려내라고 했는데 살려내기는커녕 살려는 사람을 나는 오히려 죽는데 몰아넣은 사람이 되었구나〉하는 생각이 나니 나 목사님은 마음이 급했다.

『여보시오. 내 말 좀 들어 보십시오. 국군께서는 이 반란지구에 오셔서 목숨을 내 놓고 이렇게 하시는 것은 국가의 안녕질서와 평화를 위해서 하시는 줄 압니다. 그러니 이 학생만은 꼭 살려 주셔야 장래 우리 한국에 큰일을 하게 되겠습니다.』하고 나 목사님이 간곡하게 말을 하니 이 소리를 듣자 국군은 책상을 탁 치면서

『여보시오 나 목사! 이 무슨 소리요? 그 애를 용서해 주는 것은 국법 위반이오. 또 그런 정신 쓸데 없소. 나 목사, 그래 이 학생은 죽이면 한국에 큰 일 못한다는 말이 무슨 말이오?』하면서 25,6세 정도의 젊은 국군으로는 의외로 강경하다.

『아닙니다. 오해하지 마십시오. 그 학생이 없어서 큰일을 못한다는 말이 아니라, 우리 기독교에서는 죄를 자복하고 회개하는 자는 죄를 정하지 않고 용서해 주는 도리가 있는데, 그렇게 해 주시면 그 도리대로 장래 훌륭한 사람이 되어서 큰일을 하게 되겠다는 말입니다. 우리 예수교에는 죄를 회개하고 유명하게 큰일을 한 바울이라는 선생님이 한 분 있었기 때문에 그런 말을 한 것입니다.』하고 변명 겸 설명을 하니

『글쎄 방울인지 누군지 몰라도 국법으로는 할 수 없으니 그만 두라는 말이오.』하고 국군은 귀찮다는 태도이다. 이때에 찝차 소리가 드릉드릉하고 팔왕카페 앞으로 오더니 뚝 그쳤다. 나 목사님은 다시 말을 했다.

『여보십시오. 국법이라면 내가 대통령 각하께라도 상소를 할 터이니 좀 더 시일의 여유를 주십시오.』끈질기게 탄원을 했다.

『아니, 글쎄 그럴 수가 없다니까요?』 이때 국군 한 사람이 들어오니 안에 앉았던 국군이 벌떡 일어나 거수경례를 하면서

『이상 없습니다. 사형장행 트럭을 기다립니다.』하고 간단한 보고를 한다.

『응. 그런데 트럭은 나와 같이 오다가 빵꾸가 나서 고치러 갔으니 삼십분 쯤 늦을 거야.』한다.

『이 모두 웬 사람들이야?』하고 다시 물었다.

『저 학생의 가족들인데…』하니

『얼른 다 내보내요. 이따 또 올께.』하고 돌아나가 버렸다. 다시 경례를 한 국군은 자리에 앉았다. 쩝차 소리가 다시 났다. 저 상관에게 말 좀 해볼까 하고 기회를 엿보았으나 여의치 못하여 말을 못 해본 나 목사님은 대단히 상심 했다. 하관 보다는 상관이 좀 말을 알아들을 것 같아서였다. 삼십분이라고 했는데 이는 삼십분 후면 저 학생이 사형장으로 끌려간다는 말이 아니냐? 이제 큰일 났다 싶은 나 목사님은 눈물이 복받쳤다.

『여보십시오 국군! 시일의 여유를 주시든지 국군에서 특별히 용서를 해주시든지 하십시오.』하는 소리는 울음 섞인 소리였다.

『국법으로 한다고 합시다. 그러나 내 말을 들어 보십시오.』하고 뒤를 이어

『서기 1888년 영국 장로교 선교사「제임스 와이리」라는 분이 중국 오양에서 설교를 하던 중 1894년에 당시 청일 전쟁이 일어났는데 길림으로 후퇴하던 중국군에게 그는 피살을 당했습니다.

그의 부친은 영국 스코틀랜드 하밀톤 이라는 곳에 사는 변호사였습니다. 그는 권리 주장이 분명한 사람이어서 배상할 만한 이유와 조건이 충분하였

으나, 그것을 포기하고 돈 일만 파운드를 순교한 자기 아들의 친구 다그라스에게 보내어 순교 기념 예배당을 지어서 내 아들 죽인 곳 주민에게 전도하여 달라. 내 아들이 주의 사업을 위해서 순교했으니 만족하다는 서신을 보냈답니다. 따라서 영국 정부에서도 이 뜻을 받아서 국제문제를 일으키지 않았다는 것입니다. 그와 같이 이 학생도 살려주는 것이 무조건이 아니고 저는 저대로 죄를 인정해서 자복했고, 또 자기의 두 아들을 잃은 아버지 손 목사님의 소원이기도 하니 저 학생을 살려달라는 것입니다. 이 거룩한 심정을 이 대통령 각하나 국무총리 각하에게 주달(奏達) 한다면 그 어른들도 특사를 잘못했다고 책망하시지 않으실 것입니다.』하는 말을 울면서 하였다.

그러나 그럴수록 국군에게는 난처한 일이요, 귀찮은 일이었다. 그러자 한 가지 좋은 거절하는 방법이 생각났다.

『여보시오. 너무 그러면 당신도 오해받기 쉽소. 나는 이해 하지만 너무 그러면 당신이 반란 가담자의 옹호자, 즉 국가 치안 방해자로 불리기 쉽소. 근무 방해요. 좌익 반도들에게는 철저히 처벌을 해야 국가의 안녕 질서가 유지되는 것이오.』라고 했다.

〈좌익 가담자의 옹호자, 국가치안 방해자, 근무 방해자,〉 이런 말을 듣는 나 목사님은 더 한층 어려움을 느꼈다. 재선이 구명운동을 한다고 하다가 그를 살인범으로 인정받도록 만들고, 이번에는 자기까지 그 자리로 들어서게 되는 것이 아닌가? 물에 빠진 사람을 구한다고 하다가 물에 빠진 사람을 물속으로 몰아넣고, 그 물에 빠진 사람에게 끌려서 자기도 그 깊은 물속에 빠져가는 모양처럼 되고 말았다. 그러니 단념을 할까 하다가 〈아니다. 내가 단념을 한다면 저 학생은 어떻게 되며 손 목사님의 부탁은 어떻게 되겠느냐?〉 생각해보니 자기 입장 변명이야 목사라는 것으로 어떻게 되겠으나, 손 목사님의 부탁을 어떻게 저버릴 수 있겠느냐 싶고, 저 학생이 죽을 것 생각하니 자기가 혐의 받는 것보다 몇 갑절 급한 입장이었다. 그러자 최후로 생각난 것이 있었다. 그것은 동희를 불러오는 일이었다.

『국군께서 그렇게 말씀하시는 것도 무리는 아니겠으나 결단코 그렇지 않습니다. 그 증거가 있습니다.』했다.

『무슨 증거요? 어디 말해 보시오.』한다.

『다른 증거가 아니라 그 손 목사님의 큰 딸이 아까 우리 집에 와 있었는데 내 말이 거짓말이 아닌 것을 그 따님을 불러다 물어 보시면 아실 것입니다.』했다.

『이리 불러와 보시오.』한다. 그러나 불러오라는 것은 나 목사님 말의 참 뜻을 알고 싶다는 것보다는 시간을 보내서 트럭이 올 동안에 괴롭힘을 당하고 싶지 않아서였다. 그러나 나 목사님에게는 두 번 다시없는 기회요, 위기일발의 기회였다.

『애 제민아! 어서 가서 동희 불러 오너라.』하고 나 목사님은 급하게 시켰다.

『네!』하고 제민 군은 쏜살같이 나갔다.

그러나 나간 다음 순간부터 나 목사님은 여간 기다려지지 않는다. 트럭이 먼저 오느냐 제민이와 동희가 먼저 오느냐! 이는 사형이 앞서느냐 구명이 앞서느냐의 경주였다.

동희가 혹시 순금이 하고 어디 놀러 나갔으면 큰일이다. 제민이가 갔다가 오기까지 트럭이 먼저 와도 그 역시 큰일이다.

팔왕 카페에서, 아니 이 국군이 주둔한 이 집에서 승주교회까지는 불과 십 분이면 왕복 될 거리였건만 한 일 년 되는 것 같은데 아직 안 돌아 온다. 웬일일까? 하는데 트럭보다 먼저 헐떡헐떡 하고 씨근씨근하면서 들어서는 두 학생 제민이와 동희! 동희의 키는 작고 얼굴은 조그마하나 어딘지 모르게 똑똑한 것 같이 보이는 어린 여학생이다. 얼굴에는 수심이 있는 것 같다. 가쁜 숨을 죽이면서 들어오는 모습은 사람이라기보다는, 험악하고 **딱딱해진** 이 집안 공기를 완화시키는 천사 같았다. 일동은 이 여학생을 경이(驚異)와 호기심으로 맞이하였다. 이를 보는 국군에게

『이 애가 손 목사 따님이요, 죽은 두 학생의 누이 동생입니다.』하고 나 목사님은 매우 조급한 마음으로 소개하였다. 그 국군은 동희를 바라보며

『네 이름이 무엇이지?』하고 물었다. 비록 어린 학생이기는 하나 반말을 할 수 없는 모양이다.

『손동희 입니다.』 그 대답 소리가 분명하고 의외로 냉정하다. 손이란 성이니 틀림없는 손 목사와 관계된 아이요, 동희라고 하니 틀림없이 죽은 동인 동신의 남매되는 아이 같다.

『몇 살이지?』하고 물으니

『열넷이예요』한다. 일동은 그 말에 찬 물을 끼얹은 듯 조용하다.

『너 언제 순천에 왔지?』

『오늘 아침에 일찍이 집에서 떠나 왔습니다.』

『왜 왔지?』 이 말을 물을 때 나 목사님은 눈을 감았다. 하나님! 예수여! 라고 기도하시는 모양이다.

『우리 아버지께서 말씀 하시기를 우리 오빠들을……』

『그래!』

『둘 죽인』하더니 눈물이 복받쳐 말을 계속 할 수 없는 것을 이를 꼭 물고 울음을 참는 듯하더니

『사람들을 죽이지 말 뿐……』하고 그만 눈물을 쏟으며

『아니라 때리지도 말고 살려주면……』하더니 어—ㅇ 어—ㅇ 하고 울어버린다. 동회는 말을 더 계속 못했다. 이 소리를 듣고 재선이의 부모를 위시하여 온통 울음바다가 되었다.

국군도 눈물이 나오는 것을 어찌하랴! 나 목사님이나 제민이는 말할 것도 없다.

그러니 나 목사의 지금까지의 말이 조금도 틀림없다는 것이 증명된다는 정도를 지나서 동회의 말은 이 팔왕 카페 안에 떨어진 사랑의 원자탄이요, 평화의 원자탄이요, 진리의 원자탄의 폭발이었다. 이 자리는 눈물의 수라장으로 변했다.

평화의 천사가 갖다 떨어뜨린 사랑의 원자탄!

과거 청춘 남녀를 범죄에 몰아넣던 팔왕 카페—

범죄 한 폭도를 처벌하는 국군 주둔소로 되어진 이 자리! 이 범죄의 소굴에서, 죄를 심판하는 이 자리에다, 진정한 심판자— 정의와 사랑의 사자에게서 받아 평화의 천사가 던져준 이 사랑의 원자탄!

아들은 아들대로 범죄를 부인하고, 어머니는 어머니대로 비탄 없이 애걸을 하고, 아버지는 아버지대로 내 자식이라고 변명을 하고, 국군은 국군대로 법을 주장해서 권리와 사랑이 갈등처럼 일어나고, 인정과 법이 산마(散魔)처럼 얼크러지는 이 자리에다, 내 입장을 잊어버리고 덤벼드는 나 목사, 내 아들을 잃고도 원수를 살려 달라는 손 목사, 내 오빠 잃고도 아버지 심부름을 온 동회가 던져주는 희생과 사랑에 얽힌 사랑의 원자탄! 이는 한낱 팔왕 카페 안에서만 폭발되고 말 것인가…?

트럭 소리에 정신이 난 국군은 나 목사님더러 학생연맹으로 함께 가자고 했다. 이렇게 해서 학련에 가서 상의한 후

『나 목사님께 일임합니다. 상관에게도 말씀 드리겠습니다.』하고는 다른 사형수를 데리고 트럭을 타고 사형장으로 가버렸다.

# 제 7 장

# 복 수

1949년 5월 30일이었다.

봄도 지났다고 할까, 보리밭은 파란 물결을 이루고 제비들은 벌레를 찾으러 한참 바쁠 때다. 순천을 아침에 떠난 여수행 열차 속에 콩나물시루처럼 꽉 찬 장사꾼들 사이에 섞여서 신풍역까지 가는 삼인 일행이 있었다.

『재선아, 가면 손 목사님 계시겠느냐?』

『글쎄요, 모르겠어요. 미리 연락을 안 해 놓아서요.』하면서 묻고 대답하는 이들은 오십이 넘은 늙은 부인과 그의 아들이었다.

『안 계시기 쉽지요. 그 목사님은 늘 전도 다니시니까요.』하면서 말을 잇는 이는 나 목사님이시었다.

『나 목사님이 계시니까 손 목사님 안 계서도 사모님 뵈올 수 있겠지요?』하면서 재선이 어머니가 물으니

『그럼요, 염려 없습니다.』하고 나 목사님은 시원하게 대답을 했다. 그 말을 들은 부인은 이제는 안심했다는 듯이 차창 밖을 내다보았다.

〈내가 무엇이라고 할까? 무슨 말을 해야 그이에게 위로가 되고 또 내…〉하면서 생각나는 것은 자기가 작년 반란사건 때에 팔왕 카페 안에서 나 목사와

함께 국군들에게 빌면서— 내 자식은 무죄일 것이요, 또 죄가 있더라도 철없어서 그랬을 것이니 용서해 달라고 울면서 빌던 생각이었다.

〈나는 아들 사형제 중에서 하나가 없어질까 보아서 애걸복걸 했는데 그이는 두 아들을 한꺼번에 참변을 보았으니 그 심정이 어떨까?〉

이렇게 생각이 들자 머리 풀고「내 원수를 갚아야겠다.」고 하면서 달려드는 어떤 여인의 환상이 머릿속을 쓱 스쳐간다.

〈아이고 그 양반도 저렇게 하고 싶을지 몰라〉하면서 그만 고개가 푹 숙여졌다. 정신이 아찔해진다.

『캬라멜, 밀크, 오징어 사시오—.』하면서 콩나물시루처럼 배어선 손님들 사이로 팔려고 돌아다니는 차내 판매원 소리에 다시 정신이 났다.

〈내가 가서 무엇이라고 부르고 무엇이라고 말을 해야 좋을까?〉하고 생각하니 차라리 미리 연락을 해서 손 목사님 꼭 계실 때에 가는 것이 나을 뻔 했다고 생각이 들었다.

그러든지 동희를 하루 학교 결석을 하게하고서라도 데리고 올 것을 그랬나 싶은 생각도 났다. 그러나 저러나 기차는 신풍역에 가까워 오는데 그럴수록 뒤에서는 무엇이 자꾸 잡아당기는 것 같았다. 그러나 이런 기분에 눌려 있지 않은 분은 나 목사뿐이시다.

이 일행 삼인은 집에서 오랫동안 날마다 날마다 벼르던 것을 이제야 가는 것이므로, 너무나 늦은 것 같아서 미안한 감을 느끼면서 신풍 손 목사님 댁으로 그 부인을 만나 뵈러 가는 것이었다.

그러나 그것이 보통 친척이나 친구의 집에 가는 것도 아니다. 또 내가 가고 싶어서 간다고도 하겠지만 안갈 수 없어서 간다는 것도 된다. 그래서 사실은 차일피일 미룬 것인데 특별한 인연을 맺은 지 반년이 지난 오늘에야 가는 것이었다. 곁에서 꼬막(조개이름) 장사들이 떠들썩하다.

『아이고, 이 아범아, 내발 밟지 말아 눈깔이 빠졌나?』

『그 어멈, 내가 알고 그랬소? 사람이 많으니 그렇게 되었지. 또 당신네 짐 때문에 미끄러져서 그랬지.』

『그 아범 무엇을 잘했다고 잔소리야.』하면서 싸울 태도다.『잘한 것도 없지만, 잘못한 것도 없지 않소. 원 별 이상스런 아범 다 보겠네!』하면서 대든다. 모두들「아—그만 두라」고 말린다. 그러나 그칠 줄 모른다.

〈「내가 잘못했습니다.」한마디면 끝날 일을 서로 잘했다고 하는 바람에 시끄러워진다. 곁에서 말리는 이들도 자기들이 당했으면 역시 싸울 사람들이나 아닐까.〉 이렇게 생각을 하니 〈그러나 손 목사님 같으시면 열 번이라도 잘못했다고 하시겠지〉하면서 집에 가끔 들르시는 겸손한 손 목사님을 마음에 그리는 이는 재선이 어머니이시다. 나 목사님이 일어나서 겨우 뜯어 말렸다. 기차는 싸움을 하거나 말거나 달려갈 길을 가고 있다. 인간 생활의 일생이 다 이와 같으리라. 싸워도 한 세상이요, 안 싸워도 한 평생이니 어느 편이 나을까?


『양근아 동련이 좀 잘 보아라.』하시고 집에서 심부름 하는 양근이더러 일러 놓고, 밭을 맬까 빨래를 할까 하시다가 빨래를 하시기로 결정하고 빨래를 한통 잔뜩 머리에 이고 빨래터로 오신 손 목사 사모님은 한참 빨래를 하신다. 요 며칠 새 몸살처럼 몸이 괴로워서 못 한 빨래가 밀려서 꽤 힘이 든다. 한참 빨래 방망이질을 하시고 나서 사모님은 빨래 방망이를 든 채로 좀 쉬시는 것이었다. 마침 여수행 기차가 신풍역에 들러 오는 것이 보였다.

『아이고 이제는 벌써 점심때도 지났구나.』하고 군소리처럼 하시자 문득 생각나는 것은 순천서 오는 기차로 가끔 오던 두 아들 생각이 났다.

〈너희들 태워 오던 기차는 여전히 오고, 너희들과 같이 놀던 동무들도 여전히 살았건만, 아이고 작년 이맘땐가보다. 나이 스물네 살이면 장가들고도 남을 때라고 순천 어떤 교회 여집사가 동인이 중매하러 애양원까지 찾아온 것을 당자에게 물어보마고 거절한 일이 있었는데, 내 그때 서둘러서 며느리나 보았던들〉하면서 혼자 말을 중얼 거리시다가 〈그랬더라면 큰 일 날 뻔 했지, 남의 딸자식 하나 과부 만들 뻔 안했나〉하시다가 〈에이 그만두어라 생각하면 무엇하나?〉하고 다시 빨래를 시작하셨다.

〈빨래만 빨면 무엇을 하나? 마음도 빨아야지〉하는 생각이리라.

넓지도 않은 보리밭과 풀밭 사이로 꼬불꼬불 흘러서 깊이 두 자도 못되게 고인 물일지라도 한가한 들판에 맑게 흐르는 물이라, 빨래는 여간 잘 빨아지는 것이 아니었다. 또 빨래터 뒤로는 언덕이 있고 그 앞으로 돌밭이 있어서 당장에 빨아가면서 말릴 수 있는 곳이었다. 빨고 또 널고 널고는 또 빨아서 한참 정신없이 일을 하시다가 무심코 고개를 돌리니 뒤 언덕 너머로 양근이가 반 다름질쳐서 온다. 사모님은 깜짝 놀란 듯이 양근이 쪽을 유심히 바라보았다. 동련이가 울어서 저렇게 오는가 싶어서였다. 양근이가 가까이 오자마자

『어머니 손님 왔어요. 그런데 큰일 났어요. 얼른 가세요!』하면서 당황해하며 하는 말에 사모님은 무슨 영문인지 모르나, 조그만 일에도 정신이 아뜩해지고 놀라는 중세가 있는지라 잠간 있다가

『애, 양근아 너 그 무슨 소리냐?』하고 들었던 방망이를 떨어뜨리셨다.

『어머니 순천서 나 목사님하고 또 어떤 부인하고 또 학생이 왔는데, 아저씨가 그 학생을 보더니 식칼로 죽인다고 막 덤벼들어서 나 목사님이 말리고 야단났어요. 얼른 가세요.』하면서 여전히 당황한다.

이 소리에 이제 놀란 사람은 사모님이시다. 나 목사가 오셨다는 것을 보니, 일전에 동희가 왔을 때에 일간 새 오빠가 오겠다고 하더니 그 재선이가 온 것이 분명한데, 그 아저씨가 그 애에게 못된 짓을 하는가 싶다. 곧 쫓아가려고 생각을 하나 천지가 핑 돌면서 정신이 아찔해진다. 눈이 캄캄해졌다.

그러자 두 묘가 머릿속에서 확 열리더니 성난 동인이와 동신이가 벌떡 일어나더니 애양원 쪽으로 다름질쳐 가다가 사라졌다. 칼을 든 아저씨가 그들을 따라서 쫓아가다가 사라졌다. 손 목사님이 웃는 얼굴로 이리로 오시다가 사라졌다. 대제사장의 종 말고의 귀가 아저씨의 칼에서 떨어져서 이리로 왔다. 가룟 유다가 그 칼을 빼앗으려다 못 빼앗았다. 십자가상의 예수께서 내려오시더니 그 귀를 집어다가 붙여주라고 손 목사님을 찾으셨다. 스데반이 돌무더기 위에 서서 찬송가를 부르니 돌무더기가 모두 사람으로 변해서 춤을 추면서 전도를 나간다고 했다. 바울이 무슨 종이를 들고 여수 애양원으로 오다가 애양원 식구들에게 두들겨 맞았다. 매 맞는 바울이 스데반을 부르니 스데반이 쫓아와서 바울을 구해 주었다. 어린애가 된 바울이 빨래 방망이를 들고 빨래를 두드리니 빨래가 하얀 옷을 입은 동인이 동신이로 변해서 이리로 온다. 모두가 순간적이었다.

『동인아…동신아…』하고 부르자 철썩하고 사모님은 물속에 쑥 빠져버렸다.

『어머니』하는 모기만큼 들리는 소리는 양근이 소리다.

〈아이고 왜 이럴까?〉하고 겨우 정신을 차린 사모님은 냇가로 나가 앉으셨다.

〈내가 왜 이럴까? 이미 각오한 바를 하나님 앞에 맹세한 바 아닌가? 늘 손 목사님 말씀에도 두 아들 데려가신 하나님께서 크게 역사하셔서 지금은 한국으로부터 온 세계가 큰 감동을 받는다고 하지 않는가? 살아서 죄 짓고 오래

사는 것보다 죽어서 하나님께 영광을 돌리니 그 얼마나 감사하냐고. 그러나 그것은 그것이고 나는 나다.

또 말하기를 아브라함이 아들 「이삭」바치지 않았느냐고? 그러나 「사라」가 바쳤다는 말은 없지 않은가? 그렇지만 「사라」가 반대했다는 말도 없지 않은가? 「사라」는 그 일을 알았을까 몰랐을까? 아, 글쎄 알고 모르고 간에 그 일은 그 일이고 나는 나라니까, 그 애들은 그 애들이고……

그 고생스럽던 일생, 그 훌륭하던 신앙, 그 튼튼하던 체격, 그렇던 아이들이 무죄한데도 총살을 당했나? 잘못이나 있었던들? 다시 물을 때 그렇다면야 하나님께 영광 될 것이 무엇이냐? 하나님께 영광? 아, 글쎄 그것은 그것이고, 또 나는 나라니까! 그 애들은 그 애들이고!

자 그러면 어떻게 해 볼 것이냐? 글쎄 원수를 갚아야지 원수를 갚아! 쓸데없는 소리, 내가 어떻게 아저씨더러 식칼로 죽이라고 할까. 그러면 가서 막 울고 몸부림을 치면서 내 아들 살려 놓으라고 야단을 칠까? 쓸데없는 소리, 나 없다고 양근이더러 일러 보낼까? 그럴 수는 없다. 그이들이 이 집에 오는 것이 그렇게 얼른 되어지는 일인 줄 아느냐?》하니 정신이 번쩍 다시 났다. 시간이 일년은 지난 것 같다. 양근이는

『어머니 얼른 가요.』하고 몇 번이나 졸랐다. 그러나 하늘이 두 어깨를 꼭 누르고 땅이 몸뚱이를 끌어 잡아당기고 주저앉은 몸뚱이가 꽉 오그라붙어 버리지 않는가! 눈 하나 깜짝거리기 싫고 또 손가락 하나 꼼짝거리기가 싫다. 앉은 채로 사모님은 기도를 했다. 양근이도 고개를 숙였다.

『아버지! 왜 이렇게 믿음이 약해졌습니까? 아버지 왜 이렇게 번민이 됩니까? 당신은 독생자 예수를……』하자 막 머리에 다시 떠오르는 것은 동신이가 부르던 「예수 사랑」이 문득 생각이 들며 그 독생자를 주신 하나님도 계신데

여러 자식 중에 둘을 불러 가신 것 그 무엇이 아까우냐? 예수의 어머니 마리아의 일생을 너 모르느냐? 욥의 최후를 너 모르느냐? 하면서 곁에서 누가 일러주는 듯 들리는 것 같았다. 로마서 12장 19-21절을 보아라! 하는 소리가 들리는 듯싶었다. 전에 늘 외어 오던 성경 말씀이다.

「내 사랑하는 자들아 너희가 친히 원수를 갚지 말고 진노하심에 맡기라 기록 되었으되 원수 갚는 것이 내게 있으니 내가 갚으리라 주께서 말씀하시니라. 네 원수가 주리거든 먹이고 목마르거든 마시우라 그리함으로 네가 숯불을 그 머리에 쌓아 놓으리라. 악에게 지지 말고 선으로 악을 이기라.」

『아— 왜 여태 안 오실까? 한 두 시간은 되었지요?』하면서 초초하게 묻는 이는 재선이 어머니다. 약간 떨리는 소리 같았다.

『그렇게는 못 되었지만 한 시간은 되었는데요. 아—참 그 애 순하기도 하다. 이렇게 떨어져 있어도 울지 않는구나.』하면서 동련이를 칭찬하는 이는 나 목사였다.

『그이가 누구지요?』하면서 어머니가 물으니

『그이는 동인이 당숙 되는 분인데 순천 있을 때 데리고 있던 어른입니다.』했다.

「그렇다면 무리도 아니리라.」하면서 다음에 일어날 일이 궁금한 어머니는 일각이 삼추 같았다. 그것은 자기 일행이 이 집에 들어 설 때 마침 와 있던 손 목사님의 사촌 형님 되는 노인이 재선이를 보자마자

「너 내 조카 죽인 놈이니 너 얼른 두 아이를 살려 내든지 그렇지 않으면 네가 자살을 하라. 만일 이것도 저것도 안 하면 내가 죽이겠다.」고 하면서 대뜸 때리며 덤비는 것을 재선이는 피하고 나 목사님이 말려서 겨우 진정을 시키는 한편 빨래가셨다는 사모님을 부르러 보냈다. 그러나 근 한 시간이 되도록

사모님도 안 오시고 심부름 보냈던 양근이도 안 온다.

〈그 사모님은 손 목사님처럼 인자하신 어른일까? 이 당숙처럼 성격이 과격하신 어른일까? 와서는 야단을 칠 것인가? 막 우실 것인가? 얼른 만나야만 궁금증이 풀린다는 것보다도, 지고 온 이 짐을 벗을 터인데〉 하면서 손 목사님의 집 앞 소나무가 선 잔디밭에서 기다리는 것이었다.

이때 저편 큰 길 건너 논길 사이로 빨래통을 이고 심부름 보낸 양근이를 앞세우고 오는 분은 분명히 손 목사 사모님 같은데 빨래를 하러 갔었는지 빨래감을 만들러 갔었는지 치마 아래가 모두 흙과 물에 젖어 있었다. 서로 얼굴을 대한 것이 한 30미터밖에 안 되었지만 그 줄어드는 30미터가 한 만 미터쯤 긴 것 같다. 재선이 어머니의 가슴은 울렁거렸다. 재선이도 울렁거렸다. 사모님도 울렁거렸다. 뛰는 심장소리를 곁에서 들은 사람이 있었다면 기관차 피스톤 소리보다 더 컸으리라. 만 미터 같은 30미터는 전기를 일으키면서 경이와 의혹 속에서 줄어드는 것이었다.

비냐!

벼락이냐!

봄바람이냐!

『사모님 빨래 갔다 오십니까?』하고 들린 것은 분명히 나 목사님 소리 같았고

『네― 들어들 가시지요』하는 떨리는 목소리는 누구에게 들어가자는 말인지 몰라도 분명히 사모님의 소리였다. 이고 온 빨래는 언제 내려놓았는지 누가 앞서고 누가 뒤섰는지 모르나 문간방에 들어선 사모님은 재선이에게 쫓아가시더니 그 손을 부서져라 꼭 붙잡고

『아이고 너 왔느냐?』한 마디와 함께 『나 목사님 기도를…』해놓고는 흑흑

느껴 울기 시작하신다. 재선이는 손이 쑥 빠지는 것과 같이 느껴지면서 무엇이라 형용키 어려운 억압을 느껴서 눈물이 솟았고, 재선이 어머니는 이 의외의 태도에 아까 손 목사님 사촌에게 당하던 이상의 쓰라림을 당하면서 울었고, 둘러선 아이들과 어른들은 이 예기치 않았던 광경에 울었고, 나 목사님은 기도보다 더 복받치는 감정에 『사랑하시는 하나님』하고 엉엉 어린애처럼 눈물을 쏟았다.

『울기는 왜들 울어. 그 자식 죽어 버리지』하면서 혼자 밖에서 떠드는 노인 아저씨를 말리는 사람까지도 눈에 눈물이 흐르지 않는가!

사모님은 떠드는 노인을 타일러 가면서 그들이 가져온 떡도 같이 나누어 먹고, 또 점심 대접도 하고, 그럴 때마다 재선이를 위하여 축복의 기도를 드려서 모든 것을 혼연히 한 후 저녁 때 그들을 돌려보냈다.

신풍역까지 나가 그들을 떠나보낸 사모님은 몇 년 동안 중병을 앓다가 일어난 것같이 시원했다. 그러면서도 한편 그 무엇을 좀 더 해보고 싶은 것을 못한 것같은 기분이 들면서 집에 가까이 올수록 아까까지 느끼지 못하던 딴 생각이 나는 것이었다.

이 일을 동인이 동신이가 알았다면 어떻게 생각했을 것인가? 잘했다고 할 것인가, 잘못했다고 할 것인가. 말소리가 들리는 것 같고 앞을 막아서는 것 같기도 했다.

들어갈까 말까 하면서 떼어 놓은 걸음은 도살장으로 들어가는 소처럼 늦게 떨어지고, 무겁기는 지구덩이가 발끝에 매달린 것 같았다.

문 밖에서 십 미터도 못 되는 거리건만 몇 날을 걸은 것처럼 겨우 방안까지 들어섰으나 이제는 몸보다는 고개가 들어지지 않았다.

동인이 동신이가 방구석 책상 앞에 앉아있는 것같이 새삼스레 느껴져서 책상을 쳐다볼 뿐 눈이 떠지지 않았다.

그러다가 겨우 있는 힘을 다해서 고개를 드는 순간 다시 앞이 캄캄해지면서 사지가 찢어지는 것 같고 방고래가 빠지는 것 같고 가슴이 예리한 창으로 찔리는 것 같았다. 눈물은 그 어디서 자꾸만 나오는지!

『동인아, 동신아.』 얼마 만에 겨우 정신을 차린 사모님은 입을 열었다.

『내가 네……..』 소리와 함께 『아—.』하는 소리가 나오는 것을 꽉 누르면서 『원…』 소리까지 하고 눈물고인 눈으로 창밖을 내어다 보니 어두워져 가는 하늘 아래 뜰 앞에 선 소나무가 천지만큼 커졌다가 또 다시 콩알보다 더 작아졌다 하며 그것이 재선이가 되어서 몇 십리 멀리 달아났다가 동인이 동신이가 되어서 코앞에 확 대들었다 한다.

『……수를 갚았다고 하겠느냐.』 얼마 후에 이 말까지 한 사모님은 다시

『내가 잘못했느냐 ……. 이 에미를 나무래 다오.』 혀가 꼬부라지는 것 같은, 가슴이 불에 타는 것 같은 질문이었다. 그러나 소나무는 아무런 대답이 없다.

『그러면 내가 잘했느냐?……너 한 번 말해다오.』 열길 스무길 뛰고 싶고, 하루고 이틀이고 허허허 웃고 싶고, 땅 끝까지 다름질 치고 싶은 심정이었다. 그러나 나무는 여전히 묵묵히……

『그러면 마땅히 할 일을 했다는 말이냐? 성경법대로……』 눈물이 말이 되어 나오는 소리였다. 마땅히 해야 할 일이었을까? 마음은 무덤으로 몸은 방안에서!

사모님은 장승이 되었다.

흐르는 눈물을 폭포처럼……

이런 때 곁에 목사님이나 계셨던들…….

밖에서는 동련이를 업고 재우는 동수의 자장가 소리!

아가 아가 우리 아가

착한 아기 잘도 잔다.

자장 자장 자장 자장

자장 자장 잘도 잔다.

어머니의 이 고민을 이 아이들은 아는지 모르는지!

이 자장가 소리에 밤은 왔다. 아무런 특별한 이상도 없이…….

지구는 다시 몇 궤도를 돌았겠지!

옛날 이삭을 바친 아브라함에게 보여 주시던 별들이 반짝거리기 시작했다. 하나, 둘, 열, 백…… 모래알이나 헤아려보러 바닷가로나 나갈까?

# 제 8 장

# 산돌이 이야기

『만쥬나 호야호야 만쥬나 호야

만쥬나 호야호야 만쥬나 호야……

넘다 남은 달그림자까지 녹다 남은 눈 속에 얼어붙은 것 같은 추운 겨울날 밤이었습니다. 인왕산, 북악산에서 안국동 네거리로 북풍이 내려 불고 있어 뱃속까지 떨리는 추위와 싸우면서

「만쥬나 호야호야」를 부르는 산돌이는 총독부 쪽에서 안국동 네거리를 거처서 창덕궁 쪽으로 반달음질 치면서 가는 것이었으니 이 산돌이는 방한모자를 하나 썼고 양복은 입었으나, 내복도 못 입어서 부들부들 떨리기 때문에 몸에 힘을 주어가면서 줄달음질쳐 가는 것이었습니다.』

따뜻한 봄날, 춥던 겨울도 그 자취를 감추려는 어떤 날이었다. 동인이 동신이가 잠들은 동도, 그들의 비석 앞에서 김 선생이라는 이는 성산초등학교 큰 학생들을 데리고 왔다가 그 아이들에게 산돌이 얘기를 해 주는 것이었다.

『산돌이가 난 곳은 저 경상도였습니다. 그가 날 적에도 산돌이 집안이 매우 가난했답니다. 어머니가 산돌이를 낳을 적에 집안 사람들은 모두가 몇 날

못가서 산돌이는 곧 죽을 것 같다고 생각했습니다. 왜냐하면 굶기를 밥먹듯이 하는 형편이기 때문에 허리띠를 조여매고, 조여매고 하면서 지내었던 것입니다. 그러나 생각 밖으로 아무 일없이 자라 어느덧 산돌이가 일곱 살이 되었을 때에 그의 아버지가 예수를 믿기 시작했습니다. 그래서 산돌이는 아버지를 따라서 예배당에 다니는데 어떤 때는 아버지 등에 업혀서 다닌 때도 있었습니다.

그의 아버지가 예수 믿기로 작정한 후부터 그 친척이나 집안 식구들에게 큰 걱정거리가 되었습니다. 왜냐하면 예수를 믿으면 제사도 못 지내게 되고 여러 새로운 생활을 감행해야 되기 때문입니다.

그러나 산돌이 아버지는 한번 믿기로 작정한 후에는 철두철미하게 믿으려 하여 옛날 어른들이 하고 지내던 상투도 잘라 지금 우리들처럼 빡빡 깎아버리고, 술 담배도 끊고 또 고대로 지켜오던 조상에게 지내는 제사도 그만두었습니다. 그래서 하루는 산돌이 어머니가 어디 갔다가 돌아오니 마당에 제사지내는 제상 제기 등을 전부 태워버리고 있어서 야단이 났었다는 것입니다.

「여보, 이게 무슨 일이오. 예수 믿으면 미친다더니 당신 정말 미쳤습니까? 조상의 제사 때 쓰는 기구를 이렇게 불살라버리는 법이 어디 있단 말이오.」 하고 산돌이 어머님은 울었습니다.

그럴 때 산돌이도 이런 모든 것을 다 보았습니다. 그런데 그 후 1년이 될 무렵, 그의 어머니는 해산할 때가 가까워 오는데 중병이 겹쳐서 설상가상으로 병 가운데 신음케 되자 연약하고 병든 마음은 주님을 의지케 되어 마침내는 예수를 믿게 되었습니다. 그렇게 되니 새벽기도, 아침 저녁 가정예배, 십일조, 연보, 주일을 지키는 것은 가정의 법처럼 되었습니다. 그의 아버지는 집사가 되고 다시 영수가 되었습니다. 따라서 산돌이도 주일학교에 잘 다닐 뿐 아니라 성경 보기와 기도하기에 힘썼습니다.

그런데 산돌이가 초등학교 3학년 때에 되어진 일이었습니다. 그 학교 교장 선생님이 예수교를 굉장히 반대하는 이여서 산돌이 형제를 괴롭히는 것이었습니다. 그 방법의 하나로 주일은 공휴일임에도 불구하고 꼭 이유를 만들어 학교에 나오라고 하여 교회 출석을 방해하였습니다. 그러나 산돌이는 그 동생과 함께 주일을 범하지 않으려고 학교소집에 응하지 않았습니다. 주일 아닌 다른 날은 병 이외 다른 사정으로는 결석하는 일은 없었습니다. 학교 규칙을 엄수하였고 품행은 단정하여 모범적이었으나 주일날만은 교장의 명령이라도 듣지 않았습니다. 그러다가 교장 선생님은 한 가지 묘한 방법을 생각해 냈는데 그것은 동방요배라는 것이었습니다. 이 동방요배라는 것은 해뜨는 동쪽이 일본 임금 천황이 있는 곳이라 해서 그 쪽을 향해서 경례를 시키는 것입니다.

그 당시 근방 초등학교 중에 동방요배를 시키는 학교는 그 학교 외에 없었던 것 같습니다. 좌우간 매일 아침 조회 때마다 동방요배를 시키는 것인데 산돌이 형제는 결코 하지 않았습니다.

그러던 중 하루아침에는 들켜서 교장실에 붙들려 갔는데 그때에 이런 말을 했다는 것입니다.

교장 : 『너는 대일본 제국의 시민이 되어 천황폐하가 게시는 동방을 향해서 경례를 할 때에 너는 왜 꼿꼿이 서 있었느냐.』

산돌 : 『천황폐하가 목전에 계시다면 경례를 하겠습니다마는 동방요배는 허공을 향해 절하는 것이니 이것은 하나님의 제2계명을 범하게 됨으로 못하는 것입니다.』

교장 : 『예수 믿는 사람이 국법을 어기는 것은 죄가 아닐까?』

산돌 : 『동방요배가 국법으로 되어있다고 해도 그런 국법은 복종할 수 없습니다. 저도 국법은 순종할 마음은 있으나 국법 순종 하려고 하나님의 계명을 어길 수는 없습니다.』

교장 : 『그것은 큰 죄가 된다. 국법을 어기거나 천황폐하를 반대하는 것은 불경죄가 되는 것이다. 너희들 그러지 말고 이제부터 예수를 믿지 마라 . 예수교에서 천당이니 지옥이니 말하는 것은 야만인들이나 미개한 사람들을 미혹하기 위해서 속이는 말이다. 오늘날 같이 문명한 시대에 학문을 배우는 사람으로는 그러한 미신에 속는다는 것은 대단히 어리석은 일이다. 너희들도 그런 미신에 빠지지 마라 』하고 권유하는 것을.

산돌 : 『제가 알기에는 예수를 믿는 일이 조선에만 있는 것이 아니라 서양에도 있고 또 동방이나 서양의 유명한 박사 중에도 많다는데 그분들은 다 미개하고 야만이어서 그런 것을 믿을까요?』하고 반문하니 할 말이 없는 교장은 산돌이 형제를 무수히 때려주었습니다. 산돌이는 뺨이 붓고 눈알에 피가 맺히고 코에서 피를 많이 쏟도록 되었을 뿐 아니라, 그 후 산돌이는 퇴학처분을 당할 뻔했습니다. 그러나 그 얼마 후 교장이 전근을 당하고 말았답니다.

쫓아내려다가 쫓겨난 교장!
쫓겨날 각오하고 하나님 계명을 복종하려던 산돌이!

비록 산돌은 어렸지만 최후의 승리를 얻었습니다.』라고 하니 듣던 학생들은 모두 통쾌한 기분을 느꼈다. 동시에 자기들의 어렸을 적 생각이 났다. 애양원 안에서도 신사참배 하라고 할 때에 어른들이 못 한다고 싸우던 일이나, 일본사람 원장이 오기 전에 손 목사님은 잡혀 가시고 그 집안은 모두 쫓겨났던 생각이 났다. 김 선생님의 이야기는 다시 계속되었다.

『그 후 1919년 3월 1일 만세사건 때 산돌이 아버지는 그 동네에서 주동자가 되어 1년 징역을 받게 되었습니다. 산돌이는 이럴수록 신앙을 지키며 꼭 성공해야겠다고 생각해서, 집안은 어렵지만 모든 고생을 각오하고 서울로 올라와서 중학교에 입학을 했습니다. 그러나 학비 나올 데가 없어서 부득이 밤에는 만쥬 장사를 하고 낮에는 학교에 다녔습니다. 그래서 그처럼 「만쥬나 호야 호야, 만쥬나 호야 호야」하고 외치고 다녔으나 그날 밤은 끝끝내 잘 팔리지 않았습니다. 이럴 때는 감옥에 계신 아버지 생각도 더 나고 고향에 있는 어머니와 동생들의 생각도 더 났을 것입니다.

「얼마나 추우실까 옥중에서. 나는 돌아다니는 데도 이렇게 추운데.」

「얼마나 어머니와 동생들이 배를 주릴까?」

「아이고 나도 이 어려운 공부를 그만두고 고향으로 돌아가서 어머니와 동생들이나 도와드릴까.」하는 생각이 나서 마음을 괴롭힌 일도 있었습니다. 또 다른 괴로움을 느끼는 것이 있었으니 잘 안 팔리면 주인이나 다른 아이들에게 조소를 받게 되는 것이었습니다. 예수를 믿는다 하면서 만쥬를 왜 팔아야 하느냐? 예수가 기적적으로 돈을 줄게 아니냐? 안 팔리는 날은 하나님이 왜 못 팔게 했느냐는 둥 조소를 하기 때문입니다. 또 주일날은 보통날보다 더 많이 팔리는 법인데 예배 보러 예배당에 가고, 오후에라도 팔면 좋겠는데 그것도 안 하니 다른 아이들과 비교할 때에 판매성적이 대단히 나빴습니다. 그래서 주인은 산돌이를 그렇게 좋아하지 않았습니다. 그러나 다른 날은 다른 아이들보다 일찍이 일어나 집안 청소를 하고, 절대로 정직한 것을 알게 된 것이 그대로 이 만쥬집에 붙어 있는 원인이었습니다. 주인 말이 「학생은 다 좋은데 꼭 한 가지 나쁜 것은 예수를 믿는 일이다.」라고 하였다는 것입니다.』

이렇게 이야기하는 김 선생을 쳐다보다가 어린 학생들은 산돌이가 듣던 〈

학생은 다 좋은데 꼭 한 가지 나쁜 것은 예수 믿는 일이다.)하는 말을 우리들도 듣게 되었으면 좋지 않을까 싶었다.

『그러던 중인데 그해 겨울이었습니다. 양력설도 지나고 음력으로 섣달그믐께의 일인데, 그믐날이 가까워져서 한참 바쁠 때의 일이었습니다.

바쁜 때라 빵집에서는 눈 코 뜰 사이 없이 바빠서 이 집에서 빵 갖다가, 학생들은 학교에서 공부하는 시간 외에는 그 집에 가서 빵을 팔아주곤 했습니다. 그러나 한창 바쁜 그 날들 중에 주인이 끼게 되면 산돌이는 주일날은 단연코 일을 안 하고 교회에 출석했었습니다. 교회 출석뿐 아니라 교회동무와 함께 전도하고 밤 예배까지 마치고 돌아왔습니다. 그랬더니 주인은 어디 갔었느냐고 물어볼 것도 없이 집에서 나가라는 것이었습니다.

왜냐하면 한창 바쁠 때인데 이 바쁠 때 한 번 쯤이야 주일을 안 지켜도 좋을 텐데, 주일이라고 해서 아침 먹고 나가서는 하루종일 있다가 돌아오니 주인은 대단히 화가났던 모양입니다.

그러나 산돌이는 아무리 바쁜 때라고 해도 하나님 섬기는 일보다 더 바쁘고 중한 일은 없으니 잘못했습니다 할 수도 없고, 다시 안 그러겠습니다 할 수도 없었습니다. 아무리 설명해도 이해될 것 같지 않아서 나가라면 나가겠으나 며칠 여유를 달라고 했습니다. 그래도 그 역시 주인은 듣지를 않아서 할 수 없이 그 이튿날 쫓겨나게 되었던 것입니다.

추운 겨울인데다가 그 날 밤에는 더구나 눈이 와서 서울 장안은 눈으로 덮여 보기에는 깨끗한 서울 장안이나 산돌이 눈에는 쌀쌀하기 짝이 없는 서울이었습니다.

전날 밤에 당장 나가라는 것을 겨우 말해서 한밤을 지냈으나 이제는 더 말할 수 없어서 쫓겨났습니다. 처음에는 같은 반 학생집을 찾아갔지만, 믿는 집안이 아닌 동무의 집에서는 그 사정 얘기를 듣고서는 동정은 고사하고 오히려 어리석다고 하면서 주인에게 빌고 다시 들어가라는 것이었습니다.

또 그 친구는 말하기를 그런 생각으로 고학을 하려면 서울 안에서는 아무 데도 없을 것이라는 것입니다. 신문 배달도 그렇고, 우유 배달도 그렇게 하고는 일자리가 없을 것이라는 것이었습니다. 이럭저럭 몇 날 보내는 동안에 이 친구 저 친구 집에서 며칠씩 신세를 졌는데 산돌이가 가지고 있었던 몇푼 돈도 다 쓰게 되었습니다. 그래서 3일간이나 굶게 된 막다른 골목에 다다른 이 딱한 형편을 하나님께 아뢰기 위해 산돌이는 기도하러 남산 솔밭 속으로 찾아갔습니다. 한참 기도하던 산돌이 머리에는 제게 있는 돈 70전이 자꾸 생각이 났습니다.

그러나 그 돈은 전일에 십일조로 하나님께 드린 돈이어서 아무리 굶어도 그 돈을 쓰지 않았다고 합니다. 주일 범하지 않기 위해서 쫓겨나고, 십일조 도둑질하기 싫어서 굶는 산돌이를 하나님께서는 그대로 두시지 않으시려고 마침 집에서 돌아오라는 전보가 차비와 함께 왔습니다.

그것은 산돌이가 너무 고생한다는 소식을 듣고 그의 어머니가 부르신 것이었습니다. 내려갈 적에 십일조 70전은 출석하던 안국동 교회에다 연보를 하였다는 것입니다.

사실은 서울에 있을 때에 산돌이를 불쌍히 여기고 도와주려는 이가 있었습니다. 그러나 그이는 돈은 있으나 불신자이고, 또 첩을 데리고 사는 자이기에 산돌이는 그에게서 도움 받기를 원하지 않았던 것입니다.

이렇게 작은 일이고 큰일이고를 막론하고 바른 길로만 나가려는 산돌이를 하나님께서는 어떻게 하셨겠습니까?』 하고 김 선생은 힘 있게 산돌이를 칭찬하였다.

어려서부터 애양원에서 그 부모들의 신앙을 따라 교회 생활을 하는 이 학생들은 주일 지키는 일, 십일조 드리는 일이 이 세상에서 그렇게 어렵고 새삼스런 일임을 느끼게 하는 것이었다.

『산돌이는 집으로 돌아갔으나 고향에서 잠간 있다가 다시 고학할 수 있는 길이 열리어서 일본 동경으로 갔습니다. 스가모 중학 야간부에 입학을 했고, 신문 배달을 하면서 고학을 했는데 역시 주일날은 자기가 안 하고 다른 학생에게 부탁을 했습니다. 그래서 수입은 적었으나 그래도 공부를 할 만하였다고 합니다.

그뿐 아니라 산돌이는 재학 중에 동경 어떤 성결교회에 출석하게 되고, 그들의 전도열에 공명되어서 시간을 내서 북을 치며 거리에 나아가 전도를 하고 밤이면 고요한 곳 공동묘지 같은 곳을 찾아가서 열심히 기도를 했던 것입니다.

이처럼 기도와 전도와 성경 읽기에 열심을 낸 산돌이는 상급학교에 가는 것도 단념하고 한국복음 전도의 긴급함을 느끼고는 전도자가 되고자 귀국을 하였습니다. 이 산돌이는 후일의 하나님 나라에 큰 공헌을 하게 될 귀한 종이 되게 되었던 것입니다.』라고 산돌이에 대한 이야기를 마친 김 선생은 산돌이가 곧 손양원 목사님이란 설명을 하지 않은 채 멀리 바다를 바라보았다.

동도 앞바다는 따뜻한 봄 햇볕을 받아 무수한 금빛 은빛 물을 찬란하게 깔아 놓은 것 같았고, 고요히 떠가는 범선이 그림처럼 바다에 그려있는 것 같았다.

# 제 9 장

# 겟세마네 동산까지

『목사님 언제 오셨습니까?』

『어제 왔습니다.』

『재미 좋으셨습니까?』

『네, 그대로 감사했습니다. 그러나 목적지인 부산으로는 못 갔지요.』

『왜요?』

『전쟁이 시작되었기 때문에 교통기관에 변동이 생겨서 그렇게 되었습니다.』

『목사님 무슨 특별한 소식 못 들으셨습니까?』

『네, 못 들었습니다. 집사님도 못 들었습니까?』

『오늘 아침에는 못 들었습니다. 어제 밤 라디오는 들었지요.』

『무엇이라고 합니까! 어젯밤에는?』

『수원도 적의 손에 들게 되어서 방금 작전상 후퇴를 한답니다. 그러나 미국 비행기 B-29가 극동 방면에 출동하기 시작했다고 하고, 미국 정부에서는 한국 사태에 대해서 대단히 낙관을 하는 모양입니다.』라고 희망적으로 설명을 하니

『B-29, -미국 정부-』하시고 대답이신지, 질문이신지 혼자 두어마디 하시는 손 목사님의 눈에는 눈물이 고였다.

때는 1950년 7월 7일, 애양원 입구에서 부흥회 인도하러 나가셨다가 작일 돌아오신 손 목사님과 이 집사와의 이야기였다. 이 집사는 B-29와 미국 정부 말을 하며 곧 문제가 해결될 것같이 말했다. 그러나 손 목사님 생각에는 이 사건이 한국 민족의 대환란의 시작 같아서 이 민족과 이 교회가 진심으로 회개하지 않으면 간단히 수습될 것 같지 않았다.

대한민국, 한국민족의 현재뿐 아니라 먼 장래에 이르기까지 잊을 수 없는 불행의 날은 6. 25이다. 수도 서울은 인민군에게 점령된바 되어서 갑자기 서울을 옮길 수밖에 없이 되자 그 뒤를 이어서 남하하는 국민들이나, 점령지대에 남아 있던 국민들은 말할 수 없는 갖가지 고생을 당했다. 하루, 한시, 한초를 다투면서 전쟁 상황을 바라보던 그들의 안타까운 그 심정은 그야말로 몸이 바싹 바싹 다시 오그라지는 것 같았다.

처음에 이 애양원에서도 다른 사회처럼 수도 함락의 슬픈 보도를 라디오로 들었다. 맥아더 사령부나 공보처의 뉴스를 듣고는 바로 탈환해서 삼팔선을 넘어서 이북까지 무난히 수복시킬 줄 알았다. 그러나 전쟁 상황은 그와는 정 반대였다. 수도 함락 후 수원까지는 못 오리라 했더니 빼앗기고 말았으며 전쟁은 본격적으로 자꾸 악화되는 것 같았다. 손 목사님은 6월 26일부터 일주간 집회를 부산 서부교회에서 하려고 떠나셨으나, 갑자기 선박 형편이 달라져서 삼천포에서 부산으로 못 가게 되니까 가셨던 길에 삼천포 교회와 하동 중앙교회와 또 하동읍 교회에서 집회를 인도하시고 7월 6일에 애양원으로 돌아오셨던 것이다. 사실은 무리를 해서라도 거기에서 부산으로 가시려고 했다면 가실 수 있었을 것이지만, 전세가 어떻게 될지 모르니 만일을 위해서라도 애양원으로 얼른 돌아가야 하겠다고 생각하셨던 것이다. 하동 집회 때에 참석했던 배삼술 조사 말에 의하면

『이것이 마지막 부흥집회일 것 같다.』하시면서 길거리에 나가 서서 노방 전도 하시기를『심판 때가 왔다. 마지막 때가 가까웠으니 회개하라.』고 외치셨다는 것이다.

『손 목사님 아무래도 피신하심이 좋을 줄 압니다.』하고 아주 긴장한 기분으로 조반을 마친 다음에 권하는 김 집사의 말에

『내 걱정은 마시고 얼른 여러분들이나 남해도로 피하십시오.』하고 자기에 대해서는 말씀을 않는다.

『그러나 사실은 우리들보다 손 목사님이 더 귀하신 몸이니 피하셔야 하지 않습니까? 제가 바로 제주도로 안 가고 이리로 온 것은 박재봉 목사님이 그리로 가시면서, 손 목사님 역시 신변이 대단히 위험하실 것이니 꼭 제주도나 부산으로 피신하시도록 하라는 부탁이시기에 일부러 온 것입니다.』하고 간곡히 권하나

『글쎄, 내 걱정은 마시라니까요. 나야 피하고 싶으면야 여러분들보다 쉽게 피할 수 있으니 내 염려는 마시고 여러분이나 먼저 피하십시오. 나는 좀 더 기도해 보고 태도를 취하겠으니 다만 위해서 기도하여 주시오.』하고 역시 그리 급하지 않은 것 같은 태도이시다. 7월 24일인가 싶다. 서울이 적의 손에 든 뒤에 수원까지 빼앗겼으나 설마하니 대전까지야 오랴 했더니, 그것도 많은 희생을 내고서 빼앗기고 말았다. 계속하여 충청남도, 전라북도는 쉽게 점령을 당하였을 뿐 아니라 벌써 순천이나 여수로 쳐들어 올 것도 시간문제로 되어진 것같이 느껴질 때인지라, 박재봉 목사님의 부탁으로 손 목사님을 방문한 김홍

복 집사의 마음은 바짝 바짝 타는 것 같아서 간곡히 권하는 것이었다. 그러나 벌써 김 집사가 오기 전에 서울, 전주, 순천 등지에서 내려오신 친분 있는 어른들도 자기의 피신과 아울러 손 목사님의 피신을 권했으나 역시 듣지 않으셨다. 7월 21일인가 순천에서 오신 나덕환 목사님께서 권하셨을 때는

『기도드려서 하나님의 지시대로 하겠습니다. 결코 사람의 뜻대로·되어지지 않도록 하겠습니다.』하시더니 7월 22일 쯤에는 또

『주의 이름으로 죽는다면 얼마나 영광스럽겠습니까? 나는 기왕 감옥에서 죽었을 사람입니다. 8·15 해방 이전에 죽지 않고 더 산 것만 해도 감사합니다. 내 눈을 빼고, 내 코를 베고, 내 입이 찢기고, 내 손이 잘리고, 내 발이 떨어지고, 내 목이 끊어져서 석 되밖에 안 되는 피가 다 쏟아지고, 내 뼈가 부서져서 가루가 되어도 내 주의 사랑을 다 갚을 길이 없는데 내 어찌 피신하겠소?』라는 말을 하셨다는 것이다. 그러나 김 집사는 다시

『이렇게 자꾸 좀 더 기다리라고 하시나 시기가 있는 것인데 이제는 그만 피신하셔야 하지 않겠습니까? 차라리 우리들이 이곳에 남아 있더라도 손 목사님은 사실 급합니다. 그러시지 말고 우리와 함께 가시도록 하십시다. 시급한 문제입니다.』하니 손 목사님은 정색을 하시며

『여보, 김 집사님 고맙습니다. 그러나 이러한 난국에 무슨 일이 제일 급한 일이겠습니까? 양을 먹이던 목자가 그 양을 돌보아 이리떼 같은 악한 원수에게서 해를 받지 않도록 하는 것이 급한 일이 아닙니까? 나 한 사람이나 한 가정의 안정을 위해서 피신하는 것이 급한 일입니까? 사실로 우리 애양원 식구들이 전부 피할 곳이 있다면 나도 그들과 함께 피할지 모르겠습니다. 그러나 그렇지도 못할 것이니 내가 만일 피신을 한다면 일천백 명 양떼들을 자살시키는 것이나 다를 것이 무엇입니까? 이 양떼들을 자살시키고 나 하나 피해서

산들 무엇하겠습니까?』하시는 그 태도는 벌써 애양원 교회 사수를 끝까지 지키시려는 것이었다. 벌써 근 일개월을 밤낮 쉬지 않고 금식기도, 혹은 철야기도 혹은 특별집회를 열어 그 양떼들을 위로하고 격려해서, 만일의 경우에라도 결코 신앙적으로 실패함이 없게 하려고 노력하시는 까닭인지, 그 전에 뵙던 안색을 벌써 찾아 볼 수가 없었고 대단히 쇠약해지신 모습이었다.

역시 김 집사가 오기 전에 6·25 이후 서울에 있던 목사님들이 남하했다는 말씀을 듣고 어느 누구에게 하신 말씀 중에

『아— 큰일 났다. 이 민족의 죄 값으로 하나님께서 채찍을 드셨는데 수도 서울에서 죄를 외치다가, 그리고 회개를 전하다가 제물이 되어야 할 선지자들이 모두 내려왔다니 어떻게 하겠느냐? 나라도 대신 올라가야 되겠다.』고 하셨다는 것이다.

실제로 상경할 길을 알아보시기까지 했으나 애양원에서도 말릴 뿐 아니라 길이 열리지 않아서 못 가셨다는 것이다. 이런 말씀이 생각날 때에 「과연 손 목사님이시로구나. 선한 목자는 양을 위하여 목숨을 버린다고 주께서 말씀하셨더니 과연 저런 목자야말로 진정한 선한 목자로구나!」싶은 생각이 김 집사에게 들자 손 목사님이 그러실수록 김 집사에게는 더 위험시 되어서 다시 더 큰 문제를 가지고 권면을 했다.

『목사님, 목사님 말씀은 잘 알아듣겠습니다. 그러나 애양원 교회가 중요한 것처럼 한국 교회의 장래, 한국 민족의 구원문제, 또한 더 중요하지 않겠습니까? 이 일 때문이라도 일시 피신할 필요가 있을 줄 압니다.』하고 가장 적절한 말을 했다고 생각했으나

『김 집사, 그것입니다. 한국 교회의 하나가 애양원 교회요 한국 민족의 하나가 애양원 식구입니다. 교회 양떼들을 등한시하고 한국 교회, 한국 민족을

중요시 할 수 없는 것입니다. 개척 교회나 개인을 무시하는 것은 한국 교회나 한국 민족을 무시하는 것이요, 한국 교회나 한국 민족을 중요시 한다면 개척 교회나 개인의 영혼을 중요시 할 것입니다. 노회가 합하지 못하고 총회가 싸움터로 되는 것은 목사들이 이를 깨닫지 못함입니다. 또 회개하지 아니한 죄 값일 것이요, 남북이 갈라지고 민족이 분열되어서 서로 죽이기를 일삼게 된 것이 우리 회개하지 아니한 교회 지도자의 책임일 것입니다. 김 집사, 생각을 해 보시오. 얼마나 감사하여야 했을 것을! 하나님께서는 자비의 하나님이시라 신사참배 반대하다가 순교한 50여 명 순교자의 피 값으로 무혈로 8·15 해방을 주셨습니다. 그러나 모든 사람이 이 피 값을 깨닫지 못하고 누구 때문에 저들이 그렇게 된 것은 생각도 안 하고 회개치 않으니 여순 사건이니, 제주도 사건이니 또는 대구 사건이니 하는 일시적 경종을 울리시어 회개를 기다리셨습니다. 그래도 자꾸 강퍅해지니 하나님께서는 수도 서울을 쳐서 오늘의 현상을 이루셨습니다. 보시오, 이럼에도 또 교회 지도자들이 회개하지 않고, 필요한 때는 양을 먹인다고 교회를 지킨다 하고, 위급할 때는 양떼를 버리고 달아나서 자기 일신의 안전을 도모하니, 이대로 가다가는 삼천리강산이 소돔과 고모라처럼 망하고 말 것입니다. 만일 이대로 가다가는 더 큰 매질을 하실 것이니 한국 민족이 땅 위에서 멸망당할 날이 있기 쉬우리이다.』하고 하셨다. 이 말씀에 김 집사님은 머리가 쭈뼛해졌다. 너무도 무서운 예언 같아서였다. 말씀은 다시 계속 되었다.

『그러니 우리는 다시 하나님께 의인의 피와 땀을 바쳐야 할까 합니다. 나는 비록 불의불충하나 우리 주 예수의 의를 힘입어 이번에 주께서 허락만 하신다면 제물이 되어 볼까 소원합니다.』하는 그 말씀과 더불어 입술을 꼭 다무시며 눈을 한 번 감았다가 뜨신다. 그 태도는 우주와 같고 태산과도 같았다. 김 집사는 이제는 더 할 말이 없었다. 무슨 말로 이 이상 피신을 권할 수 있단 말인가?

『그래도 목사님 우선 살아야 일하지 않겠습니까?』하고 다시 말을 해 보니 이 말에 『여보시오, 김 집사! 그 생각과 그 말이 나는 틀렸다고 봅니다. 우선 산다는 말이 틀렸단 말이오. 우리 기독교란 잘 살기 위한 종교가 아니요, 그 나라와 그 의를 구하기 위해서 잘 죽기 위한 종교입니다. 하나님께서 한국 기독교를 통해서 영광을 얻고 또 얻을 때가 왔는데 우리가 어디로 피할 것입니까?』하시면서 완강히 거절을 하시는 것이었다. 할 수 없다고 생각한 김 집사는 마지막으로

『얼른 부산으로 가서 비행기를 보내어 강제로 모셔 가기나 해야 할 것 같습니다.』하니 싱긋 웃으시면서

『그것도 아마 주의 뜻이 아닐 것입니다.』하고 말씀하시는 것이었다.


『아—니 네가 어떻게 왔니?』하며 깜짝 놀라시는 목사님에게

『아버지, 어머님 모시고 애들 데리고 부산으로 가는 것이 좋을까 해서 말씀드리러 왔습니다.』하는 대답을 들은 손 목사님은 눈물이 나올 지경으로 놀라웁고 고마움을 느끼시는 것이었다. 〈저것이 우리 식구를 구하겠다고 오다니……〉하고.

『너 지금 어디서 왔느냐?』

『네, 신성포에서 왔습니다.』

『어머님, 아버님도 함께 계시냐?』

『네…….』

『형님들도?』

『큰형의 식구만 갔습니다. 둘째, 셋째는 서울에 있었는데 소식은 모르겠습니다.』

이렇게 묻고 대답하는 것을 서울서 내려온 몇 손님들은 곁에서 이상스럽게 듣고 있었다. 손 목사님 자기에게 아버지 어머니 모시고 애들 데리러 왔다고 했는데 손 목사님은 「어머님 아버님 함께 계시냐?」고 하니 말이다.

그는 다른 사람이 아니라 바로 신앙과 사랑으로 맺어진 아들 안재선 군이었다. 7월 24일 낮쯤 해서 재선 군이 손 목사님을 뵈러 왔던 것이다.

전주에서 학교를 다니던 안재선 군은 몸이 쇠약해져서 순천 생가에 돌아가 있으며 정양중이었다. 그러다가 6·25 사변 소식을 듣게 되었다. 그는 전세가 불리해서 자꾸 남쪽으로 밀려 내려오고 있으니 순천에 있으면 자기의 입장상 처신이 곤란할 듯했다. 그래서 생가 부모와 의논하고 신성포 라는 곳으로 일단 피신하였다. 지금 30리 되는 곳을 걸어서 신풍리 애양원으로 그가 찾아온 것은 목사님 온 가족을 모셔다가 부산으로 피하도록 하자는 의논을 하러 온 것이었다. 그래서 온 목적을 말씀드리니 그 말씀에 대한 대답은 안 하시고 생가 안부만 물으시는 것이었다. 안 군은 더 독촉을 하려고 하는데

『너 참 나 목사님 뵈었느냐?』 하신다.

『네, 아까 저 길거리에서 만나 뵈었습니다. 그런데 아버지 어떻게 하시겠어요?』

하고 재차 물었다. 이 두 번째 간청에는 대단히 입장이 곤란하신 듯 한참 있다가

『네 말은 고맙다. 그러나 너의 어머님에게 문의해 보아라.』하고 직접 대답을 피하시면서도 대단히 조심스러운 태도이셨다. 만일 동인이나 동신이가 있어서 권했다면 딱 거절하기 쉬웠겠으나, 재선 군이 권하는 데는 간단하게

거부하기가 대단히 난처해서인가 싶었다. 그래서 사모님에게 문의하라고 말씀하신 것이었다. 제선 군은 안방으로 들어가서 어머님에게 물었으나

『피난처가 어디 있느냐. 피난처는 주의 품뿐이다. 재림도 가까웠는데 어디로 간단 말이냐?』하시면서 사모님도 피난을 거절하셨다. 그래서 동장이나 데리고 피하기를 원하였으나 이 역시 목사님이 허락지 않으셨다. 하는 수 없이 어떻게 할까 하다가 제일 잘 아는 나 목사님에게 부탁을 하니

『손 목사님은 절대로 피하시지 않을 것이다.』라고 하시더니

『그러지 말고 너나 나하고 함께 남해도로 피난하자.』하시는 것이었다. 그러나 재선 군은 손 목사님이 피신 안 하신다면 자기도 피하고 싶지 않다고 생각하며 피하지 않았다.

「우리 다시 만나 볼 동안 하나님이 함께 계셔

훈계로써 인도하며 도와 주시기를 바라네

다시 만날 때, 다시 만날 때, 예수 앞에 만날 때

다시 만날 때, 다시 만날 때, 그때까지 계심 바라네」

그날 오후에 애양원 바닷가에서 애양호로 제 일차로 서울이나 전주에서 피난 온 사람들을 남해도로 보냈고, 제 이차로 나머지 피난민을 보내는 송별의 찬송가는 보통 송별집회에서 부르던 경우와는 달랐다. 더구나 둘째 절에 「간 데마다 보호하며 양식 주시기를 바라네.」이 구절에는 보내는 이들의 간곡한 염려이며, 떠나는 이들의 당연한 걱정과도 같았다. 〈살던 집 다 버리고, 입던 옷 다 버리고, 롯의 식구들처럼 나온 몸이니 이 모양으로 어느 날까지 지내야 될 것인가?〉 생각할 때에 떠나는 이들은 눈물뿐이요, 또한 〈건강한 사회 사람들도 죽이기를 파리 죽이듯 한다는데 기생충처럼 살고 있는 나환

자들 쯤이야 따발총이나 죽창 신세감밖에 더 될 것이겠는가.〉 생각할 때에 또한 남는 이들의 한숨거리였다. 또 다음 절 「위태한 것 면하게 하고 품어 주시기를 바라네.」 피난 가시자고 해도 안 떠나시니 위태롭고 초 만원된 일엽편주를 만경창파에 떠나보내는 것은 위태로우니 품어 주십사는 호소이다. 끝절에 「세상에서 떠날 때에 영접하여 주시기를 바라네.」를 부를 때 〈그렇다. 오늘 이 순간은 모여 기도도하고 떠나기도 하지만, 이다음 순간 물고기의 밥이 될 건지 따발총 끝의 이슬이 되는지 모르나 주의 영접하여 주시는 신앙의 소유자가 되어지이다〉하는 소원들이다. 이들의 느끼는 은혜와 감격은 다른 어떤 부흥회의 정도가 아니었다. 구름 뜬 푸른 하늘 밑에 묵묵히 대지를 내려다보는 저 애양원 교회당 종탑 위에 십자가는 하늘을 향하여 그 무엇을 원하는 듯싶었다. 더구나 매 절마다 부르는 후렴 중 「다시 말날 때, 다시 만날 때, 예수 앞에 만날 때」를 부를 때에는 울면서 웃는 격, 비애를 통과한 희락을 맛보지 않는 이가 없었다.

애양호는 이 일을 아는지 모르는지 파도에 출렁거리며, 물결도 이 일을 아는지 모르는지 바람에 움직이고, 바람도 이 일을 아는지 모르는지 구름을 몰아오나 부운(浮雲)같은 인생, 바람 같은 행로에, 물결 같은 흥망성쇠가 엇갈리는 고해생활이 아니고 무엇이겠느냐? 이럴 때마다 손 목사님은 또 간곡한 기도로 그들을 보내고 남은 무리들을 위로하시는 것이었다.

눈물에 젖은 얼굴이 바닷바람에 시원함을 느꼈다.


「우르르르릉……」하는 비행기 소리,

「다다닥 다다다다닥……」하는 기총사격 소리,

「쿵――쾅――」하는 장거리포 소리,

「우르르 우르르 우르르」하는 탱크 소리,

「따다다닥 딱다다닥」하는 따발총 소리,

「딱-쿵 팽-팽-」하는 엠완 총소리,

이 소리 저 소리가 순서 없이 서로 엉기어 멀리 혹은 가깝게 들려오던 격전도 한바탕 지나갔다. 도시는 도시대로, 농촌은 농촌대로 붉은 기 들고 인민공화국 만세를 부르게 됐다. 밤인지 낮인지 모르며 제 세상 만난 줄 알고 날뛰는 노동자 농민들의 세상이 되었다. 여순사건 때에 입장이 불리해서 이북이나 지리산 속으로 피했다가 고향으로 돌아온 자칭 애국자들의 판국이 되었다. 이렇게 되니 반동분자라고 해서 아무개 면장 아들이 잡혀 갔느니, 아무 동네에서 숨었던 경관이 몇이 죽었느니, 서울서 오던 아무 목사가 도중에 붙들려 순교를 당했느니, 순천서는 아무개 부자가 인민재판을 받아 참살을 당했느니 하는 소문이 빗발같이 들려오는 7월 말경이었다.

이미 여수가 7월 27일에 완전히 함락 당했다. 애양원도 역시 사람들이 모여 사는 곳이라 이 곳에서도 이런 소문, 저런 이야기를 듣게 되었다. 애양원 총무과 차 과장은 그대로 가만히 있을 수가 없어서 6부의 각 부장, 교회의 제직, 학교 직원 및 유지 약 40여명을 한 자리에 모이게 하여 앞으로 취할 태도를 결정하고자 했다.

『그러면 이제부터 우리는 첫째로 인민군을 환영하느냐에 대해 의논하겠습니다.』하고 기도가 끝난 다음에 순서를 따라 토의 제목을 내놓는 것이었다. 그러나 누구하나 이 사건에 얼른 나서려고 아니해서 한참 침묵이 계속되었다. 왜냐하면 바로 눈앞에 박두한 문제이니 생각해 볼 수 밖에 없는 일이지만 허나 벌써 애양원에서는 이 일이 문제가 될 수 없기 때문이다.

서울이 함락된 후부터 손 목사님은 개인적으로 만날 때면, 과거에 우리들이 예수 이름으로 대접 받았으니 이제는 예수 이름으로 고난을 받을 때라고 말씀을 하시는 것이었다.

　소위 사회 사람들은 부모 형제 처자나 제물 지위 때문에 순교의 제물이 되고 싶어도 못 되지만, 우리들이야 부모도, 형제도 제물도, 지위도, 아무 것도 없으니 가벼운 몸이다. 우리 일천백여 명이 삼천만을 대신해서 내 오른 손과 왼손을 붙잡고 순교하자고 늘 말씀하셨다. 그러면 순교할 기회를 기다리는 사람들이 어찌 인민군을 환영할 수 있겠는가? 인민군을 환영한다는 말은 벌써 순교를 피한다는 말과 마찬가지인 까닭이었다. 그런데 한 사람이 벌떡 일어나더니

　『내 생각에는 인민군이란 다른 민족이 아니고 같은 우리 민족인데 정치상으로 바뀌어졌을 뿐이니 그들을 환영하는 것은 변해진 판국에 안 할 수 없지 않습니까?』

　『그것은 틀린 말이오.』하고 얼른 손 목사님은 받아 말씀하셨다.

　『내가 죄를 지을 수도 없는 동시에 여러분에게 죄 지으라고 방관할 수도 없어서 내가 이 말을 하는 것이오. 물론 그들은 우리와 같은 동족입니다마는 그들은 무신론자의 유물론자들일 뿐 아니라 반신론자(反神論者)입니다. 따라서 인민군이란 주의나 주장이 없는 어떤 군인이 아니라 반신론자들의 군대입니다. 다시 말하면 우리 하나님을 대적하는 마귀를 대표하는 군대입니다. 그래서 이들은 동족을 살상하는 것만이 아니라 하나님을 대항하는 마귀들이라고 볼 수 있으니 결코 환영할 수가 없습니다.』하시고 좌우를 둘러보시었다.

　『그렇게 알고 만일 일체 환영도 안 하면 언제 올지 모르나 우리 상급층은 모조리 죽여 버리지 않겠습니까?』하고 누구인지 애원 비슷한 질문을 하니

『그래도 할 수 없습니다. 죽더라도 할 수 없을 것입니다. 그동안 예수의 이름으로 많은 은혜 받았으니 이제는 다 죽더라도 배신은 할 수 없습니다.』하고 목사님은 냉엄한 태도이셨다.

『그러나 목사님, 그렇다면 저들이 우리를 찾을 때 누가 나가서 그들을 상대하겠습니까?』하고 반문을 하니

『내가 대표로 나서겠으니 염려 마시오. 내가 다 당하겠습니다. 내가 나가다가 희생이 되거던 다음에는 여러분들 마음대로 하시오.』하고 냉정하시었다.

『그러나 목사님이 잡히셔서 원내가 무사하면야 관계없을지 모르지만 목사님이 체포당하신 후에도 애양원은 애양원대로 또 일을 당하면 어떻게 합니까?』

『어떻게 하기는 무엇을 어떻게 해. 순교하기로만 하자니까.』하고 힘 안들이고 대답을 해 버리시니 무엇이라고 다시 대할 말이 없었다. 멀리서 폭음이 들려오는 것은 트럭 소린지 비행기 소린지 분간 할 수 없게 들려 왔다.

『그러면 목사님, 우리 환영은 그만 두더라도 형식적으로 인공기(人共旗)나 다는 것이 어떻겠습니까?』하고 누가 물었다.

『그 역시 안됩니다. 국기를 단다는 것은 그들을 환영한다는 의미이니 할 수는 없습니다.』하고 단호하게 거절하시었다.

『그러면 목사님 그 기를 다는 것이 무슨 죄가 되겠습니까? 성경에 무슨 관계가 있습니까?』하고 이론을 캔다.

『국기 자체야 아무 관계없습니다. 우리가 일제시대에도 일장기를 달았고, 해방 후에 태극기와 아울러 미국기를 달아 주는 것도 관계없이 생각했습니다. 그러나 인공기란 먼저도 말한 대로 반신론자들을 대표하는 것이니 어떻게 달 수 있겠느냐 말입니다. 일장기도 국기배례는 할 수 없었고, 태극기에도

그렇게 할 수 없는 것이 아닙니까? 내가 우리 태극기에 대해서 얼마나 가르치고 다니는지 여러분도 잘 알지 않습니까? 좌우간 일제시대에도 시대이론에 속았으나 다시 시대이론에 속지 맙시다.』

이 문제에 대해서는 묻는 이도 몇이 없었지만 대답하는 이는 목사님 한 분뿐이었다. 그래서 결국은 손 목사님의 말씀대로 따르는 수밖에 없이 되고 말았다.

『다음에는 우리 피난 갈 것에 대한 문제를 생각하십시다.』하는 사회자의 말에

『그야 가도록 해야지요. 사실은 벌써 늦었습니다. 여수가 함락 되었으니 간다면 빨리 서둘러야 될 줄 압니다.』『그러나 어떠한 방법으로 가겠습니까?』

『우리 지도급들 즉 저 사람들에게 주목당할 만한 이들부터 먼저 부산쪽으로 가고 그 나머지는 좀 서서히 기회 봐서 옮기도록 하면 되지 않겠습니까?』하니 얼른 손 목사님은

『그 역시 안 됩니다. 지도급들이 자진해서 먼저 피한다는 것은 안 될 말입니다. 일반을 데리고 간다는 것은 몰라도 그들을 못 데리고 갈 바에야 자진해서 먼저 간다는 말은 절대로 안 됩니다. 차라리 일반 교인들은 자유로 피신케 하고 우리 24 제직들만은 함께 순교합시다.』하시며 언제나 순교하자는 결론으로 돌리시는 것이었다. 그래서 피지배급이라고 할른지 일반급들은 피할 수 있는 대로 피신시키기로 하고 그날 집회는 해산했던 것이었다. 첫째도 순교, 둘째도 순교, 셋째도 순교 개인적으로도 순교, 공적으로도 순교, 가정에서도 순교, 교회에서도 순교, 이야기에도 순교, 설교에도 순교, 순교, 순교이시다.

『내가 죽을 때와 장소는 강단에서 설교하다 죽거나
노방에서 전도하다가 죽거나
고요한 곳에서 기도하다가 죽거나 할지언정
약사발 들고 앓다가 죽을까 두렵다.』고 늘 말씀하시던 손 목사님에게 사실
이 이상 더 좋은 기회가 있을 수 없었다.

『땡땡 땡땡 땡땡 땡땡
땡땡 땡땡 땡땡 땡땡』
멀리 또는 가깝게 울려 퍼지는 저녁 예배를 알리는 종소리

종교신성 부부신성 노동신성을 표현하는
밀레의 만종을 연상할 수 있는 저녁노을을 타고
저 멀리 바다 너머까지 울려 퍼지는 종소리
불안과 공포와 허무를 느끼는 인간들에게
그 무엇이라고 말로 할 수 없는 평안과 위안과 소망을 주는
천당, 천당의 묵직한 종소리

더구나
일가와 친척과 동포나 사회에서 격리를 당한
원망과 비애와 낙망의 소유자 나환자들에게
수시로 영의 양식 줄 것을 알려 주는 은은한 종소리
때가 다른 때요 곳이 다른 곳이었다면
그치는 것이 아까울 만큼 듣고 또 듣고 싶었겠건만

그 무슨 불길한 예감이 깊어가는 종소리

애양원 교회 종탑 속에서는 시대에 맞지 않는 종소리라
거칠 것 없이 저물어 가는 저녁을 뒤 흔드는 것이었으니
소위 인민군이 순천과 여수에 침입해서 해방시켰다고 하여 인민 공화국을 세워놓고 그들의 생각대로 뜻대로 세상이 다 붉어져 가기 시작한 지도 1개월이 지난 때였다.

이 날 밤은 수요일이다. 보통 때에도 삼일 예배를 볼 터인데 하물며 이 땅 위에 대한 소망이 이중 삼중으로 끊어져 가는 이 초 비상시에 있어서 어찌 안 하랴!

7월 24일인가 총회에서 방송하기를 우리 기독교인들은 하나님께 하루 바삐 승리를 주시도록 기도하자고 광고를 했다. 말을 들은 그 다음부터는 애양원 교회는 매일 세 차례씩 종을 치고 모여서는 예배를 보았다. 손 목사님은 일주일간 특별집회를 하시고 끝날인 토요일에는 일체 금식까지 하게 하셨다. 그 후로는 집회 시는 물론 보통 때에도 순교를 각오하라고 권하시는 것이었다. 이 날도 삼일 기도회 정식예배를 보고자 종을 치는 것이었으니 이 종소리에 모든 원내 식구들은 긴장된 마음으로 모여드는 것이었다.

찬송가 89장 「성령이여 강림하사」를 부르고 다시 204장 「내 주는 강한 성이요」를 부를 때의 그 열심들은, 인민군, 여맹원, 정치보위원 같은 무신론자들은 말할 것도 없이 모스크바 크레믈린 궁전을 지나 마귀나라 마귀 집에 주춧돌이 빠지라는 듯이 힘차게 부르는 것이었다. 풍금 반주도 필요 없었고 인도하는 사람도 필요 없었다. 모두가 제 일선에서 폭탄을 짊어지고 적진으로 돌진하는 용사들 같았다.

성경 말씀은 계시록 2장 10절이었다. 읽으시는 손 목사님 머릿속에는 10년 전인가 여수 역전에서 사모님이 격려해 주시던 때의 일이 생각났다.

『여러분 잘 아시는 바와 같이 계시록에 기록된 일곱 교회란 언제나 어느 곳을 막론하고 온 세계 교회를 각각 대표하는 교회입니다. 그 중에도 둘째 교회인 서머나 교회는 오늘날의 한국 교회를 의미하는 것이라는 것은 환난과 궁핍 속에 있다는 것이겠습니다.』라고 시작하여

『네가 죽도록 충성하라.』는 제목으로 말씀하시고

『실제 문제에 있어서 어떻게 행하는 것이 죽도록 충성하는 것이겠는가? 첫째로 충자(忠字)는 구(口)자와 심(心)자를 요지부동하도록 하나로 못질해서 놓은 자입니다. 즉 인간의 입에서 나오는 말이 마음에서 움직여 행실로 합치 되는 것이 충입니다. 감사와 회개와 찬송과 기도가 합치 되어야 할 것이요, 가족이나 친우를 권면하는 말과 자기의 행활이 합치되어야 할 것이니 우리의 언어 행동이 합치 못할진대 어찌 충성이라고 할 수 있겠습니까?』

하는 말씀은 실로 힘 있는 말씀이었다. 보통 때에는 모르지만 이 긴박한 현실에서 평상시에 말씀하시던 그대로 실제에 옮기려는 일이 한두 가지가 아님을 느끼시는 것이었다. 몇 번이나 내무서에서 손 목사님의 유무를 알려고 왔었다. 애양원 교인들은 행여나 잡히실까 겁이 나서 방공호를 파고는 들어가서 숨어서 기도하시라고 했다. 또는 나환자 입원실 안에다가 궤짝을 들여놓고 그 뒤에 숨으서서 기도를 하시라고 했다.

그러나 「당신들이 왜 나의 마음을 약하게 만들려고 하오? 당신들이 나에게 이렇게 하는 것은 나를 사랑하는 것이 아니라 나를 괴롭게 하는 것입니다. 하나님의 성전이 있는데 왜 다른 곳을 취할 것이오.」하시면서 끝끝내 숨으시지 않으셨다.

이러한 사실을 아는 교우들은 진실로 충성이라는 설교를 말씀으로만 아니라 생활로써 하시는 것임을 못 느끼는 사람이 하나도 없었다.

『둘째로, 자기가 가진 힘대로 힘을 다하는 것이 충성입니다』라는 의미의 말씀을 하시고 나서,

『그리고 여러분!』하시는 손 목사님의 긴장된 말씀을 천여 명의 시선을 희미한 석유 등잔불에 반짝이는 안경 속으로 모두 쏠리게 했다.

『셋째는 죽음을 불고하는 모험적 신앙이 충성입니다.』

죽음을 무릅쓰고, 죽음을 두려워 않고 제 죽음을 겁내지 않고, 그 나라와 그 의를 위해서 하나님을 위해서, 예수 그리스도를 위해서, 신앙을 지키기 위해서 피 흘려 죽기까지 하려는 신앙이 충성입니다. 진심으로 솔직하고 단순하게 일편 단심으로 주를 사랑하는 굳은 마음의 결과로 희생이 되는 법이니 이것이 자연스러운 순교일 것입니다. 따라서 모두 앞서 간 순교자들은 모두가 그 신앙생활에 있어서 순교의 준비가 평상시부터 되어 있었지 우연히 일시의 기분으로 되어진 일은 절대로 없었습니다.』

이 말씀은 여간 강조하시는 것이 아니었다.

이런 일이 있었다. 어떤 날 별안간 율촌면 인민위원회에서 와서 전법자라고 인정하는 사람들의 이름을 이승만 박사 이하 9명인가 적어 가지고 왔다. 이들을 처단하기로 유엔에다가 진정한다며 거기에 찬성하는 서명 날인을 최소 6백여 명을 원했다. 그러나 이것 역시 일축해 버리고 다만 기도하라고 말씀하셨는데 이상하게도 도장 찍은 종이를 찾으러 온다던 날 안 오고 말았다는 것이다.

또 한 번은 시일이 길어져서 애양원 안에 식량이 떨어지게 되어 모시고 있던 사람 중에서 손 목사님께 말씀 드리기를

『이제는 할 수 없으니 정식 예배나 보고 붉은기를 형식으로나마 달아두어 그들의 환심을 사서 생활의 길을 열어 보십시다.』고 하니 손 목사님께서는 책상을 치시면서

『배은망덕도 분수가 있지 않소? 신앙상으로 무신론자를 주장하는 공산주의를 용납할 수 없는 것은 말할 것도 없거니와 8·15 해방 이후 이때까지 대한민국에서 하루 3홉씩 배급을 받아서 배불리 살아온 우리들이 몇 날쯤 굶게 되었다 하여 그런 짓을 할 수 있겠는가? 도의상으로도 할 수 없소. 깨끗이 살다가 깨끗이 죽어야 할 것이니 내 눈에 흙이 들어가기 전에는 붉은 기는 절대로 달지 못합니다.』하시고 큰 소리로 책망하신 일이 있었다.

실로 하나님을 섬기고 예수 그리스도의 뒤를 따르기 위해서는 어떤 일이 있거나 어떤 일이 오거나를 불구하고 두려움을 무릅쓰고 죽음을 겁내지 않고 피 흘리기까지, 죽기까지 뛰어드는 손 목사님 자신의 체험을 그대로 말씀하시는 것 같았다.

『넷째로 죽는 날까지 참는 힘이 또한 충성입니다. 매일 당하는 모든 일에서 매사 매사를 해 나가면서 참고 또 참아가면서, 일보 일보 전진하는 생활이 충성입니다. 동시에 순교의 생활입니다. 땀을 흘리면서 일하고 눈물을 흘리면서 기도하고 피 흘리기까지 죄와 싸워 나가는 것이 충성입니다. 그것이 순교입니다. 그래서 땀이 귀한 것이요, 그래서 피가 귀중한 것입니다. 오늘 하루가 내 날이요, 지금 이 시간이 내 시간인 줄 아는 사람은 날마다 충성할 수가 있고, 시간마다 순교를 하게 되는 것입니다. 기쁜 마음으로 만족하면서 죽도록 충성을 하게 되는 법입니다.』

손 목사님의 설교에는 인민군이 어떠하니 국군이 어떠하니 하는 말은 일체 없었다. 언제나 순전한 기독자로 어떻게 살아야 주께 영광이 되고, 어떻게

죽어야 생명의 면류관의 소유자가 되는 법인가를 가르치는 신앙적 설교를 하시는 것뿐이었다.

『신 장로님, 장로님, 목사님, 목사님……』하고 누구를 부르는지 모르게 어떤 젊은 청년이 숨이 차서 헐떡거리는 것이었다.

『장로님, 장로님, 목사님 누워 계십니까?』하고 다시 잠시 후에 또 부르는 것을

『어 — 그 누구시오?』손 목사님은 누웠던 몸을 일으키시면서 물으시는 것이었다.

『목사님!』

청년은 손 목사님의 음성을 듣자 그만 벙어리가 되어버렸다.

「피하시라고 해야 할 것이냐! 그렇지 않으면 교회로 가시라고 해야 할 것이냐!」

벌써 6·25 사변이 일어난 이해 서울이나, 전주나, 순천에서 자꾸 손님들이 애양원을 찾아 왔었다. 그 중에는 손 목사님을 잘 안다고 하나 손 목사님은 잘 모르는 사람들도 있었다. 그래서 애양원 직원들은 만일에 그 중에 소위 빨치산이라도 끼어 들어오지나 않을까 염려가 되었다. 그래서 억지로 애양원 안으로 목사님 가족을 옮겨 모셔왔다. 그러나 들어오신 후에도 손 목사님은 기회 있을 때마다 늘 말씀하시기를

『누구든지 나 찾아오거든 교회에서 기도하고 있다고 하시오.』하셨다.

그동안에도 몇 번인가 모르는 사람이 손 목사님을 찾으러 왔으나 그때마다 손 목사님은 벌써 피난 가셨다고 해서 돌려보냈었다. 그러나 오늘은 하는 수 없이 목사님에게 쫓아와서 피하시라고 해야 좋을지 교회로 가시라고 해야

좋을지 몰라서 망설이는 것은 까닭이 있었다.

　9월 13일 점심때도 지난 때였다. 위원장 외 6부장이 각각 애양원 정문 안쪽 사무실에서 통행인들을 감시하고 있었다. 그때 여수 내무서 율촌 분주소 소장, 부소장, 방위대장, 또 다른 두 사람 도합 다섯 사람이 무장을 하고 찾아 왔다.

　6부장이란 애양원을 운영하는 총무부, 재무부, 경리부, 의무부, 종교부, 문교부, 산업부 대표들을 말하는 것이고, 위원장이란 것은 본래 손 목사님 몰래 대외적으로 만일을 염려해서 정해 놓고 무슨 일이 있을 때에 일 시키려고 뽑아 놓은 애양원 위원회 가짜 위원장이었다.

　『여보 김 동무 요새 애양원 식량 배급은 안 받아 가시오?』하고 가장 친절하게 묻는 이는 위원장실에 들어온 일행 중의 한 사람이었다.

　『예, 곧 찾으러 가겠습니다.』얼른 대답을 했다.

　『그런데 위원회 인명부는 다 되었습니까?』하므로

　『네 이것입니다.』하고 내어 주니 한참 뒤적거리면서 자세히 보다가

　『손 목사는 빠졌는데요?』한다.

　『안 계신 분도 적습니까?』하니

　『무엇이요? 목사가 없어요?』하고 지금까지의 태도와는 아주 달라졌다.

　『기도하러 가시고 없습니다.』

　『거짓말 마라. 지금 손 목사가 있다는 말을 듣고 왔는데 기도하러 갔다는 것이 무엇이야?』하며 강하게 쏘아 보았다.

　이 말에 깜짝 놀란 사람은 위원장 김씨뿐이 아니었다. 둘러있던 사람들은 모두 놀랐다. 그러나 얼른 저들이 넘겨짚고 하는 말인가 싶어서

　『안 계시니까 안 계시다는 것이 아닙니까?』하는 소리는 약간 떨리는 소리

었다.

『거짓말 말라니까? 이번이 네 번째야 그동안 우리가 동무들 말하는 대로 들어주니까 끝끝내 속이려고 그러는 것이야?』하고 눈치 빠른 그들은 이들의 태도만 보는 것이었다.

『거짓말 하는 게 아닙니다.』

『거짓말 하는 게 아니면 거짓말 시키는 것이야? 우리가 들어가서 손 목사 찾아 낼 테니 어떻게 할 테야?』하고 한 사람이 쑥 애양원 안으로 들어갈 것같이 서두른다.

이 말에 일동은 가슴이 덜컥 내려앉는 것 같았다. '젤그덕' 하고 그중에 한 사람이 따발총 탄환을 재이는 것 같았다.

『그러지 말고 같이 들어가서 얼른 손 목사 있는데 가리켜 줘』

『……』

무엇이라 대답하는 것이 좋을지 몰라서 망설이는데

『왜 —아무 말 못해? 거짓말 또 할 수 없어 그래?』

『얼른 말 안하면 내 문둥이들 다 죽여 버릴 테야. 먼저 하나 없애버린 것 몰라?』하고 다시 위협이다.

이 말에는 모두들 공포를 느끼는 것이었다. 〈먼저 하나 없애 버렸다〉는 말은 바로 8월 첫 주일 새벽이었는데 그날도 여전히 새벽 집회를 하느라고 종을 친 일이 있었다. 뜻밖에 열두 명의 인민군이 애양원에 찾아와서 문에다 총을 겨누고 잠가 놓은 문을 열라고 했다. 그때 마침 짖고 있던 세파트를 쏘아 죽이고 또 문간방에서 자던 어떤 청년이, 이 급보를 알리려고 했던지 혹은 겁이 나서 그랬던지 애양원 안으로 다름질쳐 들어가다가 권총에 맞아서 말 한마디 못하고 피살당한 일이 있었다. 그 바람에 벌벌 떨고 문을 열어주니, 여기 어디 개새끼들 있다고 해서 잡으러 왔다는 것이었다. 경관과 군인이 숨어 있다고 해서 붙잡으러 왔다는 말이었다. 그러나 모두가 불구자라고 말하며 겨우 겨우 달래서 보낸 일이 있었는데 〈먼저 하나 없앤 것 몰라?〉라는 말에는 모두들 놀라지 않을 수 없었던 것이다.

『자 ─ 동무들 들어갑시다.』하고 서두르는데 이때에 젊은 청년이 뛰어 들어오며 『저─목사님 아까 섬에서 돌아오셨답니다. 지금 교회에서 기도하신 답니다.』하고 보고를 해 버렸다. 찾아온 일동은

『그렇지 다 ─ 알고 왔는데 쓸데없는 거짓말을 해?』하고 들어선다.

애양원 사람들은 이 어찌된 셈인가 싶었으나 곤란한 입장에서 벗어난 것이 다행인 것도 같았다. 그것은 한참 야단칠 적에 눈치 빠른 청년 하나가 박 장로에게 쫓아가서 현재 형편이 이렇게 되었으니 어떻게 하면 좋겠느냐고 물으니 박 장로님은 딱한 듯이 한참 있다가

『그 사람들이 다 알고 온 모양이던가?』하니

『네, 목사님 계신 것을 다 알고 온 모양이에요. 여간 서두르는 것이 아닙니다. 만일 바른대로 말 안하고 손 목사님을 찾아 낼 때에는 우리 전부를 총살하겠대요.』한다. 어떻게 할까 생각하는데 그때 마침 손 목사님을 만났다.

『목사님을 찾는 도수가 많아지니 목사님이 여기 계시고는 우리가 안심하고 안 계시다고 못하겠으니 피신 하십시오.』하니

『그러지 마시고 바른대로 말해 주시오. 나는 순교를 각오하고 준비했습니다. 하나님께서 기회만 주시면 언제든지 하겠습니다. 지금이라도 묻거든 교회에서 기도한다고 해 주시오.』하셨던 것이었다.

그래서 박 장로님 생각에 차라리 목사님 부탁대로 하는 것이 하나님의 뜻인가 싶어서 방금 기도하고 돌아오셨다고 하라고 말해주었던 것이다. 청년

은 얼른 이 말을 전했고 한편 박 장로님은 다른 청년을 손 목사님 계신 곳으로 보내서 연락해 드렸던 것이었다.

그러나 이런 경우이므로 피신하시라고 해야 할 것이냐? 그렇지 않으면 교회로 가시라고 해야 할 것이냐? 망설이는데

『왜 나를 잡으러 왔나?』하시니

『네 ― 목사님을 찾아서 안 계시다고 했더니 막 소리를 지르면서 거짓말하면 우리 전부를 다 죽여 버린다고 야단을 치고 먼저처럼 따발총을……』하고 설명을 한다.

며칠 전부터 허리 아픈 증세가 도진 손 목사님은 여전하게 어젯밤도 눈물의 기도로 밤을 세우시었다. 다시 그날 밤 삼일 예배 때에 하실 설교 준비를 하시다가 방에 누워서 잠간 피곤을 푸시던 때였다.

그러나 이 말을 들으시자 이제는 자기의 때가 왔다는 듯이 창백해진 얼굴이나마 결연한 태도로, 쇠약해진 몸이나마 태산같이 무겁게 고요히 일어나시었다. 지니시었던 만년필과 시계와 기타 귀중품을 주머니에서 꺼내어 놓으시고 양복을 입고 나서는 것이었다.

『어디로 가시렵니까?』의아한 태도로 물으니

『교회로……』하고 한숨 비슷한 대답을 하시며 지팡이로 의지하시고 억지로 걸어 나가시는 그 모습, 그 걸음!

이슬에 젖은 찬 바윗돌을 부둥켜 안고 최후를 결정하러 감람산 겟세마네를 향하여 찬송하며 나가시던 주님의 뒤를 따르려 하심인지!


『김 집사, 큰일 났어! 김 집사』하고 멀리서 외치는 최 집사 소리에,

『왜그래, 왜? 왜?』하면서 뜯던 토끼풀을 손에 든 채로 일어나니,

『큰일 났어, 큰일 났어! 목사님을 잡으러 왔대여, **빨갱이가.**』하고 더 말 물어 볼 사이도 없이 최 집사는 부리나케 되돌아간다. 어찌된 셈인지 모르는 김 집사는 토끼풀을 손에 든 채로 늘어져서 잘 움직이지 않는 다리를 억지로 끌면서 손 목사님 계시던 신 장로님 댁 주위를 감시하는 것이었다. 정문 쪽은 다른 직원들이 있으니 안심되나, 바다 쪽은 허술해서 행여나 목사님 계신 것을 탐지하러 올까 하여 지키는 것이었다. 심지어 멀리 지나가는 배만 보아도 그 배에서 이곳을 바라보는 것 같아서 마음이 안 놓였다. 그러나 그대로 감시하는 것처럼 할 수도 없어 토끼풀을 뜯는 체 하면서 감사하는 것이었다. 그렇지만 한편 손 목사님은 아무렇지도 않은 것처럼 돌아다니는 것이었는데, 밤 중 같으면 혹 또 모르겠으나 대낮에도 그렇게 하시는 것이 아닌가? 제발 꼭 숨어들어 앉아 계시면 좋을 텐데, 절대로 안 그리시는 것이었다.

그렇지만 하루가 지나고 이틀이 지나가는 동안에 그럭저럭 근 한 달 반을 보냈다. 오늘도 또 무사하시겠지 싶어서 무심코 토끼풀을 뜯는데 청천벽력과도 같이 최 집사가 「목사님 잡으러 왔대여!」 소리를 남겨놓고 가버리지 않았나? 어찌된 셈인지 몰라서 우선 신 장로님 댁으로 왔으나 벌써 그곳에는 아무도 없었다. 울고 싶은 김 집사님은 다리를 다시 끌고 험한 언덕길을 올라가서 교회로 가셨나 싶어서 부리나케 또 좇아갔다.

아 — 그랬더니 이게 어찌 된 셈이냐! 벌써 눈물만 흘리면서 아무 말도 못하고 서 있는 장로님들…… 그 외에 몇 사람들과는 좀 떨어진 곳에서 따발총을 든 인민군에게 감시를 받으면서 가만 가만 걸어가시는 목사님! 창백해진 얼굴을 푹 숙이고 지팡이를 의지하고 걷고 있지 않으신가! 눈물이 핑 돌면서 정신이 아찔해지는 김 집사는 마침 곁에 있는 소나무를 꽉 붙잡았다. 환도와 뭉치를 든 로마병정 앞에 선 가롯 유다, 칼을 뽑아든 베드로, 열두 명 더 되는 천사가 캄캄한 밤중에 횃불 속에서 획—하고 지나가더니 「딱—」하고 김 집사 머리가 소나무에 부딪쳤다. 정신이 다시 들어 자세히 보니 분명히 손 목사님은 아무 말 안 하시고 따라 가시는 것인데 대체 둘러선 저이들이 장로님, 집사님들은 울기만 하고 무엇을 하는 것인가 싶어서 「아 여보시오, 여러분! 왜 이러고 가만히 서서만 계십니까?」하고 말을 하려고 그이들 섰는 대로 가까이 가도 아무도 자기를 아는 척 하지 않고 걸어가시는 목사님과 인민군들만 바라보고 있지 않는가! 하도 기가 막혀서

『왜 이러고 서 있기만 하는 것이여!』하고 곁에 있는 이 선생에게 물으니

『오지 말래여. 사무실로 가신다고, 따라가면 목사님에게 불리하데여……』

『……?』김 집사는 그 무슨 말인지 무슨 뜻인지를 몰랐다.

분주소(分駐所) 소장 일행들에게 위협을 당하여서 부득이 손 목사님 계신 곳을 실토한 애양원 직원들은, 목사님이 계실 것이라고 말한 대로 교회당으로 안내를 했었다. 과연 손 목사님은 벌써 교회당 안 뒤편에 이층으로 만든 곳에서 강단 쪽을 향하여 엎드려 기도하시고 계시었다. 구두를 신은 채 손 목사님 곁에까지 다가선 분주소 소장은

『여보 동무, 동무가 손 목사요?』하고 물으나 손 목사님은 한참 동안 엎드린 채 기도를 계속하시다가 조용히 고개를 드시고 그들을 쳐다보시었다. 그 얼굴, 그 태도, 환도와 뭉치를 가진 무리들을 맞이하시던 겟세마네 동산의 우리 주 예수 그리스도를 방불케 하는 모습이라고나 할까!

『무슨 일이시오 여러분?』

『동무가 손 목사요?』

『네, 그렇습니다.』

『그러면 저— 잠간만 사무실까지만 갑시다. 물어볼 말이 있으니.』

이런 간단한 문답이 있은 후 아무 반항도 없이 손 목사님은 순순히 그들을 따라 나서시는 것이었다.

벌써 이 소문을 들은 남은 애양원 식구들은 교회문 앞에 둘러섰다. 쇠약해진 그 몸을 지팡이에 의지하시면서 창백해진 얼굴을 약간 수그리시고 교회당 문을 묵묵히 걸어 나서시는 그 길!

둘러선 일동은 「악—」 소리를 지르고 울면서 그 길을 막고 싶었다. 그러나 이런 눈치를 챈 따라온 사람들이

『동무들 조용히 하고, 따라 오지도 마시오. 목사님은 저 문간에 있는 사무실 까지만 갈 것이요. 물어 볼 말이 좀 있어서 그러는 것이니, 조용히 있지 않으면 목사님에게 불리할 것이오.』 이렇게 미리 위협을 하는 것이었다. 그래서 이들은 어찌할 줄을 모르고 멍하니 서서 눈물 머금은 눈으로 바라보기만 하는 것이었다. 그러나 이 영문을 모르는 김 집사는 앞서서 따라가시는 손 목사님을 어쩐지 다시 못 만날 것 같아서

『그게 무슨 소리요? 따라 가기나 합시다.』 하고 앞서서 절룩 걸음으로 걷기 시작했다. 일동은 이 순간 손 목사님과 김 집사를 번갈아 가면서 쳐다보고 있었다.

애양원 오후 햇빛은 나무 그늘 속을 부챗살처럼 새어드는데 마치 무슨 독수리에게 채어간 어미 닭을 쳐다보면서 어쩔 줄 모르는 병아리 떼들처럼 멍하니 서 있기만 했었다.

# 제10 장

# 알곡은 모아 곡간에

『여보시오. 도대체 어떻게 될 모양이요?』

하면서 장 경감은 곁에 있는 신 선생에게 가만히 물었다.

『모르지요.』하고 귀찮다는 듯이 간단히 대답을 하니『

신 선생 같은 이가 모르면 누가 안단 말이요. 아시는 대로 누구든지 이야기나 좀 해 주시오. 속이나 좀 덜 타게!』하면서 늙은 장 영감은 눈물이 나오는 것을 억지로 참는다.

『알기야 누가 알겠어요. 요새는 공습도 좀 덜한 모양이던데요. 아까 저녁때 교양 받으러 나갔을 때에 슬쩍 벽에 붙인 것을 보니 마산도 해방시켰다고 쓰여 있습디다.』하고 김창수 라는 학생이 가만히 장 영감에게 말을 해 주니

『마산?』

하고 놀라면서 반문하는 소리가 컸다.

『네!』

하고 힘없이 대답을 하니

『해방은 무슨 주리를 해방!』

하면서 원망이 가득한 장 영감은 다시 눈물을 흘리는데

『히 개새끼들아! 시끄러워. 누가 말하라고 했어. 말 안 들으면 물벼락 또 맞을 줄 알아라.』

하고 벼락같이 소리를 지르는 것은 소위 교화장이라는 유치장을 지키는 간수였다. 잠깐 동안 침묵이 흘렀다.

『예수 믿읍시다. 예수 믿고 천당 갑시다.』

하는 어떤 노인의 음성이 어둡고 침울한 교화장 속을 흔들었다. 이 소리만은 막을래야 막을 수 없는 노인의 전도하시는 음성이었다.

여수 순천 반란사건을 한바탕 치루고 난 후에 우익 좌익을 통해서 많은 수의 희생이 났었다. 이번에 인민군이 내리 몰리게 되니 8·15 해방 후에 좌익 운동에 열렬했던 사람으로 일단 산으로나 다른 데로 피신했던 이들이 돌아와서 다시 지방 권력자들이 된 것이었다.

그래서 그들의 상투적인 수단으로 아군의 경관을 위시해서 청년 단체, 여러 부문의 지도자, 호농가, 사업가, 공무원 해서 속속 검거하였다. 많은 사람이 부산 방면으로 피해갔다고는 해도 상당한 수가 검거되었던 것이다. 그 중에는 나는 특별한 죄가 없으니 아무 일 없겠지 하고 있다가 붙들린 이도 많았다. 어떤 이는 피한다고 한 것이 집안을 뒤지는 바람에 잡힌 이도 있었다. 이랬던 저랬던 여수 경찰서 유치장은 중죄인이라고 보는 이만 즉결처분을 했음에도 불구하고 초만원일 정도였다. 잡담이라도 좀 하게 했으면 좋겠는데 이 역시 절대 엄금이다. 그러나 짬짬이 몰래 몰래 기회를 엿보아서 이야기를 했다. 어떤 때는 무사하기도 했고, 어떤 때는 들켜서 상당한 처벌을 당하는 때도 있었다. 통틀어서 그들의 상습적인 호칭어는 개새끼였다. 국군은 노랑개, 경찰은 꺼벙개, 기독교인은 미국 놈 스파이, 목사는 미국 놈 양자, 이렇게 특별한 별명을 지어서 부르면서 괴롭히는 것이었다. 그러나 괴롭히거나 말거나 73세의 늙은 나이로 최후 순교를 각오하고 그 교화장 안에서도 쉬지 않고, 곁에 있는 이나 또는 자기를 취급하는 사람에게 전도하는 이가 있었으니 그이는 덕양교회에 시무하시는 조상학 목사님이시었다.

『미국 놈 스파이, 늙은 개새끼야!』하면,

『예수 믿으시오!』하고 대답하시고

『그만 그치지 못해?』하면 『예! 천당갑시다』하시니

『이 늙은 것이 귀가 먹었나?』하면

『예수 믿고 천당 갑시다.』하신다.

이 조 목사님은 7월 27일 경에 인민군이 덕양에 들어온 후 일단 피신을 하셨으나 일제시대에도 순교할 기회를 얻지 못했던 것을 생각하시고 다시 덕양으로 돌아와서 교회를 지키시면서 체포되실 때까지 교회 집회를 꼭 하셨던 것이다.

「이때는 저울을 들고 믿음을 저울질 할 때이다.」하시면서 인민군에게까지 전도를 하시는 것이었다. 그러시면서 매일 새벽이면 목욕하시고 깨끗한 몸으로 잡히시기를 기다리시었고 잡히실 때는 새 옷 입고 여수로 향해서 떠나신 것이었다. 그래서 여수 내무서에서 검거당하신 후 쉬지 않고 전도를 하시었는데 특히 젊어서부터 잘 못 들으시는 귀 때문에 많은 일에 불리하셨지만, 그러나 누가 무엇이라 하든 어떤 괴로움을 당하시든 끝까지 전도에 힘을 다하시었다.

『여보, 물 좀 주시오.』

『시끄럽다. 물 없다.』

『왜 없겠습니까? 물소리가 들리는데.』

『물소리는 무슨 물소리. 오줌 누는 소리지.』

『그렇지 않습니다. 물 좀 주십시오.』

『시끄러워, 개새끼야. 하고 싶은 대로 다 하게 할 바에야 집에 두지 미쳤다고 데려와? 이 개새끼야. 회전 의자에서 면면 착취해 먹던 맛이 어떻드냐? 오늘 목마른 것하고……』

이 말에는 할 말이 없는지 물 달라던 사람이 아이고 하고 말을 못한다. 그러다가는 다시

『아이 여보시오, 동무님! 죽일 때 죽이더라도 물이나 좀 주시오. 몸에 열이 나서 그럽니다.』

『무엇, 동무님? 쌍, 언제 그렇게 동무가 되었더냐? 이 개새끼야. 동무님 소리 듣기 싫다.』

『글쎄 그러시지 말고 동무님 물이나 좀 주시오. 물』하고 곧 숨이 막히는 모양을 하니

『그래라, 내가 너 같으면 물을 주겠니?』하고 큰 선심이나 베푼 듯이 물 한 컵을 갖다 주니 한숨에 이 물을 마시고 나서는 그냥 살아난 것처럼 눈을 스르르 감으며 「아이고, 이제는 살겠습니다.」한다. 이 물 마시는 것을 보고서 부러워하는 사람들도 많다.

한참 더울 때 정원이 겨우 12명 되는 유치장에다가 28명을 집어넣고 하루 2개 혹은 3개씩 큰 오리알만한 정도의 꽁보리밥을 김에다 싸서 주고 혹 날된장 또는 소금 한 줌을 주었다. 그리고 밥 먹을 때 물 한 그릇 가지고 여섯이 나누어 마시는 외에 물이라고는 일체 구경을 못했다. 참으로 죽을 지경이었다. 식사 때 먹는 된장이나 소금이 더욱 갈증이 나도록 하였다. 더구나 몸이 좀 불편해서 열이 나는 이에게는 더 말할 것도 없는 고통이었다. 그러나 그런

고통과 달라서 밤에 잠 못 자는 고통도 또한 큰 고통이었다.

　음식이 그렇고 잠자리가 좋을 리 없지만 눕기는 고사하고 앉아 있기도 좁다. 모두들 쭈그리고 앉아서 졸린 사람은 졸고 안 졸린 사람은 고요히 명상을 하고 있는 수밖에 없었다. 또 마음 놓고 이야기 할 수도 없었다. 들컸다가는 밤중에 야단이 나는 판이다. 그뿐 아니라 들어앉아 있는 자기들의 목숨도 언제 어찌될지 모르나 남아있는 가족들의 안부를 알고 싶은 생각도 이루 말로 다 할 수 없었다.

　이런 때인데 밤중 12시쯤 되어 밖에서 떠들썩하더니 제2호 감방 문이 열렸다. 누구인지 한 사람을 그 감방에다가 또 넣는 것이었다. 방안 사람들은 또 누가 들어오나 하고 쳐다보는 이도 있었고 배고픔과 잠에 졸려서 쭈그리고 앉은 채 잠든 이들도 있었다. 새로 들어온 이는 혼자 들어서서 아무 말도 없이 눈을 감고 가만히 있더니 한참 지난 후에

　『여러분 고생들 하십니다.』하고 인사를 했다. 상당히 유치장에 익숙한 듯 싶었다. 이 인사에도 불구하고 모두들 귀찮다는 듯이 아무 대꾸가 없었다. 그렇지 않아도 좁은데 또 한 사람 들어왔으니 이를 어떻게 하느냐 하는 걱정이 더 클지도 모른다.

　9월 15일 새벽 일찍이 잠이 깬 창수 군은 깜짝 놀랐다. 그것은 언제 들어오셨는지 모르나 분명히 손 목사님이 이방 저편 구석에 오바를 입으신 채 쪼그리고 앉으셔서 기도하고 계시지 않은가? 궁금증이 나서 얼른 여쭈어보고 싶으나, 눈을 감고 앉으셔서 기도하고 계신 데에는 자기도 모르게 그 무엇에게 끌리는 것 같아서 다시 고개가 숙여지고, 전에도 기도는 했지만 이제는 새로운 힘을 얻게 되는 것 같으면서 기도가 속 깊은데서 되어지는 것같이 느껴졌다. 「저 손 목사님 같으신 이가 무슨 죄로 오셨나. 동인이 동신이 죽인 원수까

지도 용서해서 자기 아들 삼으신 저 성자님이 무슨 죄가 있었기에 잡혀오셨나? 저 목사님도 동인이 동신이 같이 되어질 것인가? 아니 우리와 같은 취급을 당하실 것인가? 너무도 악독하다」하는 생각이 나면서 같이 놀던 동신이, 함께 학생회서 일하던 동신이가 머리에 떠오르고, 동신이 순교한 후에 그 언젠가 손 목사님 만나서 위로해 드리니 「동신이? 천당에 갔는데 무슨 걱정이야. 하나님의 뜻대로 된 것이지. 창수도 예수 잘 믿어야 돼……」하시고 오히려 신앙을 격려해 주시던 그 손 목사님이 바로 눈앞에 붙들려 들어와 계시지 않는가! 눈물이 나오다가는 자기도 모르게 흑흑 느껴졌다. 그러나 누구하나 왜 우느냐 혹은 울지 말라 하는 이조차 없었다. 사람들은 어린 학생이 아침이 되니 집 생각이 나거나 너무 배가 고파서 저렇게 울거니 하고 생각했는지도 모른다.

한편 손 목사님은 목사님대로 지나간 과거 16년간을 돌이켜보시는 것이었다. 같은 달 9월, 1950년 9월, 같은 수요일─1940년 9월 25일도 수요일, 9월 13일도 수요일, 같은 유치장─일제시대에는 여수 경찰서 유치장, 이번은 여수 내무서 교화장에 구금을 당했으매 사건은 다르고 취급하는 인물은 바뀌었으나 손 목사님에게는 꼭 같은 신앙의 싸움이시려니

여수 경찰서에서 10개월

광주 구치소에서 4개월

광주 형무소에서 1년 반

경성 구금소에서 약간

청주 구금소에서 8·15 해방까지 만 5년간, 해방의 덕분으로 석방된 몸이었으나 여순 사건으로 두 아들을 바치고 난 후 다시 여수 내무서 교화장에 앉으셨으니 그동안 10년간 한 토막 모진 꿈이었다고 할런지! 10년간의 괴롭던 필

림이 목사님의 머릿속을 막 스쳐간 후 창수가 손 목사님을 알아본 후 적어도 한 시간이 경과된 뒤에 겨우 눈을 뜨셨다. 눈을 뜨신 손 목사님께 가만히

『손 목사님 아니십니까?』하고 물으니

『네.』하고 가만히 고개를 돌려 대답하신다.

『언제 들어오셨습니까?』『어제 밤중에.』

『언제 오셨습니까?』

『어제 저녁때.』

『언제 이 사람들에게 붙들리셨습니까?』

『13일에, 에 그런데 누구시오?』

『네, 창수올시다.』

『누구라고요?』

『저 율촌 김 장로 아들이고, 동신이 하고 한 학교에 다니던 창수올시다.』

『오―오, 그래 언제 왔어?』

『한 10여일 됐습니다.』

이렇게 가만 가만 문답을 하는데 별안간 밖에서

『여러분, 예수 믿으시오. 예수 믿고 천당 갑시다.』하고 외치자

『떠들지 마라. 이 늙은이야……』

하는 야단치는 소리가 났다. 이 소리를 듣자 손 목사님은 가만히 다시 눈을 감으셨다. 분명히 귀에 익은 음성이었다. 조상학 목사님의 목소리가 틀림없었다. 그 언젠가 만났을 때에 「손 목사님처럼 내가 싸우지 못한 과거가 대단히 부끄럽습니다」하시던 말씀이 생각이 났다. 또 이 사람들에게 체포 당하셨다는 말씀도 밖에서 들었는데, 과연 이곳에 계시구나 하는 생각이 나며 만나 뵙고 싶은 생각도 났다. 이때에

『목사님, 저도 이 방에 있습니다.』하며 한 청년이 가만히 말을 했다.
『누구요?』하고 어둔 방에서 다시 쳐다보려고 하니』
『국진이올시다.』
『최 군이요?』하신다.

이윽고 소위 점호가 끝난 후에 아침 식사가 들어왔다. 이 식사 시간이야말로 내일 아니 언제 그 생명이 어떻게 될지 모르는 이들에게 있어서도 그 순간까지 끌고 갈 힘을 얻는 시간이다. 하루 세 차례 찾아오는 유일의 기쁜 시간이기도 했다. 소위 식사라고 하는 것이라야 오리알만한 보리밥 한 덩어리, 그리고 날된장 반 숟가락 정도, 그리고 공동으로 마시는 물 한 그릇이었다. 먼저 들어온 이 중에는 벌써 한 달 이상이 되는 이가 절반도 넘고 들어온 후에 영양부족과 더위와 초조함에 시달려서 창백해진 중환자 같은 이가 한둘이 아니었다. 그들은 마치 하루 세끼 먹는 시간을 위해서 사는 것처럼 식사가 들어오기를 기다리고 있었다. 혹 안 먹는 사람이나 있지 않을까 하고 서로 서로 바라지고 또 그 중에서 조금이라고 더 큰 덩어리가 차지되기를 바랐다 받고 나면 게눈 감추듯이 자기 몫을 먹어버리는 것이었다. 최후 한 입을 삼키는 순간 기쁨은 다음 식사 들어 올 때까지 연장이 되어지는 것이었다.

이런 식사를 한 몫 받아 놓으신 손 목사님은 이것을 놓고 적어도 십분 동안 감사기도를 올리셨다.

『주여―감사합니다……』하는 소리가 가끔씩 들리면서 눈물 머금은 기도소리는 식사를 잊은 사람 같았다.

『아―멘』하고 눈을 뜨시자

『아니 다들 잡수셨나요?』

『예— 다들 벌써 먹었습니다.』 감방장 격인 수염이 길대로 길은 어떤 이가 대답을 하니 손 목사님은 밥 덩어리를 들고 반을 뚝 자르시더니 그 중에 제일 수척한 이에게 주시면서

『이것 더 잡수시오. 이런 데서는 배가 늘 고픈 법입니다.』 하자

『네.』

소리와 함께 얼른 받아 먹어버리는 것이었다.

손 목사님은 그 밥 반 덩어리를 꼭꼭 씹어서 잡수시는 것이었다. 최국진이도 율촌 분주소에서는 잘 안 먹히던 밥이 여기에서는 잘 먹히는 것이었다.

『앉으시오.』

『고맙습니다.』

『얼마나 고생 되십니까?』

『아니요……』

애양원에서 붙들려서 오는 길에 율촌 분주소에 들렀을 때, 손 목사님은 여수 내무서에서 취조하였으니 여수로 호송하라고 전화가 있었다고 하면서, 다른 이는 교화장에서 밤을 보냈지만 손 목사님은 숙직실에서 지내시게 하였다. 여수에 도착한 후에도 여전하게 친절한 것 같았다. 멋모르고 어떤 사람이

『네가 손 목사냐? 솔직히 고백해야 한다.』고 위협하듯 말한 적도 있었으나 비교적 친절한 것 같았다. 다만 초 만원된 교화장도 부득이한 일일 것이요, 큰 오리알만한 밥덩이를 먹임도 부득이한 일일 것이었는지, 취조한다고 불러 내간 후에 그 책임자의 언사와 태도는 대단히 친절했다. 어제의 율촌 분주소보다도 더 잘 차려놓은 여수 내무서 안에는 무엇이라고 슬로건을 쓴 포스터와 함께 스타린과 김일성의 초상화가 높직하게 나란히 걸려 있었다.

『왜정시대에 옥중에서 많은 고생 하였다지요?』하고 서로 앉으면서 하는 책임자 말에,

『네, 그저 조금……』

『얼마 동안이나 겪으셨습니까?』

『그럭저럭 한 육년간 되지요.』하니

『참 고생하셨겠습니다. 그런데 대단히 미안합니다마는 이것좀 기록하여 주십시오.』

하고 내어주는 것은 소위 고백서라는 것이었다.

『이것은 다 형식적으로 기록해 두는 것이니 이것이나 기록해 주시면 얼른 돌아가시게 하겠습니다.』하고,

소위 고백서라는 것을 보니 본적, 주소, 성명, 출신계급, 사회 성분, 이력 그리고 고백서 이런 것들을 써서 넣으라는 것이었다. 본적이니 주소니 성명이니 하는 것은 문제없이 써 넣을 수 있으나 출신 계급이란 무엇이며 사회성분이란 무슨 의미인지 모르겠다.

잠간 생각 하시다가 다음을 또 보시니 이력서와 고백서라는 난이 있다. 이력서는 쓸 수 있지만 또 고백서란 무엇을 고백하라는 것인지 몰라서 손 목사님은 우선 종이를 받아서 잠간 읽고는 기도를 하시는 것이었다. 책임자는 그 모양이 아니꼬운지 담배를 한 대 꺼내서 불을 붙였다. 기도를 마친 다음에 다시 보니 역시 무엇이라고 쓸 것이 없는 것 같았다. 특히 누구에게 고백하라는 것인지 무엇을 고백하라는 것인지 모르겠다. 혹시 하나님에게 지은 죄를 고백하란다면 모르겠는데 사람들 특히 저들에게 고백할 사건이 없지 않는가? 차라리 자랑이나 할 자랑서나 쓰란다면 쓸 것이 있을지 몰라도……

『고백서란 무엇을 쓰는 것입니까?』하고 새삼스럽게 물으시니

『아, 그 목사님 그것도 모르십니까? 고백서라는 것은 고백하는 것이지요. 과거에 잘못한 것 같은 것……』

『네―』하고 손 목사님은 한참 생각하시다가 아예 한 자도 안 쓸까도 하시다가 앞에 놓인 펜을 들어 무엇이라고 한참 쓰셨다.

『이것입니다.』하고 그 책임자에게 쓴 것을 내어주니 받아서 읽어보던 책임자는 어이가 없다는 듯이 목사님을 한참 눈이 뚫어지게 쳐다보다가 소리를 지른다.

『이 따위가 고백서야?』하고 태도가 돌변하며

『그래 이것이 고백서야? 손 목사 정신 못차리는군 그래!』

고백서라는 것이 출신계급이니 사회성분이니는 손도 안 대고

「일찍이 부르심을 받았으나 하나님의 은혜를 속히 전하지 못해서 삼천리 금수강산을 복음화 시키지 못한 죄 그 한이 없고, 주께서 지신 십자가의 피 공로 깨닫지 못하고 싸우는 현대 인간들에게 주의 복음진리를 언행으로 못 가르친 죄 죽어 마땅합니다. 하물며 골육상살을 일삼고 무력정복을 꿈꾸는 이 현실에 대해서 무능력하고, 무신하고, 무애한 이놈의 죄 열 번 백번 죽어 마땅한 줄 압니다……」하는 의미의 말씀을 기록했으니 기막히지 않을 수 없었다.

『여보, 손 목사 동무! 왜정 때에 무엇 때문에 감옥 생활을 한 것이야?』『신사참배 하라는 것 반대한 까닭입니다.』

『왜 신사참배는 안 한 것이야?』

『하나님 계명에 금하신 것이기 때문입니다.』

『그것이 틀렸다는 것이야. 무슨 하나님의 계명이야? 미국 놈의 계명이지. 미국 놈의 양자 노릇 하느라고 배일사상에 날뛴 것이지, 무엇 하나님의 계명?

도대체 하나님이 어디 있어?』 하는 말은 언어도단이다. 손 목사님은 더 이상 상대하시고 싶지 않아서 아무 말도 하지 않고 침묵을 지키고 계신데 다시 묻기를

『이 손 목사 동무야. 우리 공산주의 악선전을 얼마나 하고 돌아다녔어?』

『……』

『왜 말 못해?』

『……』

『왜 말 못해? 또 그 도대체 「사랑의 원자탄」이라든가 무엇이라든가 하는 책은 누가 쓴 것이야?』

『내 친구가 썼습니다.』

『누가 쓰라고 해서 쓴 것이야?』

『모르겠습니다.』

『모르기는 무엇을 몰라. 네가 쓰라고 억지로 시켰지? 향(香)이라는 연극도 시키고.』

『……』

다시 더 상대할 사람이 못 되는구나 싶어서 다시 침묵을 지키니 『왜 말 못해. 내 말이 다 옳지? 나는 못 속여』하더니 또

『이번에 어디서 잡혀 온 것이야?』 한다.

『애양원에서 왔습니다.』

『시끄러워 애양원에 우리가 몇 번이나 사람을 보낸지 알아? 어디로 가서 숨어서 원수 놈들에게 무전으로 연락해 주다가 이제는 더 이상 숨어 있을 수 없으니까 나온 것이지 무엇이야?』

『……』

『……』이 또한 터무니없는 질문이다. 다시 말을 안 하시고 고개를 숙이시니『고개 들어? 걸핏하면 고개는 왜 숙여, 우리 얼른 망하라고 기도 하려고? 목사 노릇 하려면 앉아서 기도나 하지 왜 친미파 노릇하고 또 개××이 종노릇 하느라고 날뛰는 것이야?』

『……』

『미국 놈 스파이 노릇 하느라고 얼마나 지랄한 것이야?』

『……』

『왜 말이 없어. 이 손 목사 동무야. 그래 이 따위가 고백서야. 이것을 고백서라고 쓰고 있어? 이 철면피야.』

하더니 책상 밑에 있던 몽둥이 같은 것으로 손 목사님을 몇 번 후려 때리는 것이었다. 그러나 손 목사님은 한마디도 대꾸를 안 하시고 때리는 대로 참고 맞고 있으며, 그가 몇 번 더 때리는데 문이 별안간 열리더니

『조 동무 저 순천 내무서에서 연락 온 것 있는데 좀 이리 오시오.』하고 취조판을 불러 내갔다.

「주여! 오, 주여! 주께서 맞으시던 매 내 어찌 싫다 하며 주께서 당하시던 오해 내 어찌 면하리이까. 주께서 받으시던 심판 내 어찌 안 받겠으며, 주께서 참으시던 괴로움 내 어찌 마다하리이까. 주께서 지신 십자가 내게로 주시오니 감사합니다.……」하는 기도라도 하심인지 손 목사님은 눈물을 흘리시면서 조 동무도 없는 빈 방에 고요히 엎드려 계신 것이었다. 시계는 열시를 가리키는지 열 번을 쳤다. 벽에 걸려 있는 초상화들은 승리를 얻는 줄 알았으리라.

그날 밤 최국진은 무슨 소리에 깜짝 놀라 깼다.

『으흐흐 으흐홍……』하는 신음하는 소리와 아울러

『여러분 나는 죽겠습니다. 으흐흐! 여러분도 예수 믿고 으흐흐! 하나님 공경하고 천당 갑시다. 아이고 으흐훙!』

하는 소리는 저편에 누어서 정신을 잃고 앓으시는 손 목사님의 소리였다. 낮에 정신 있을 때 개인적으로나 일반적으로 예수 믿으라고, 천당 갑시다고 간절히 전도하시더니 어딘가 불편하여 앓으시는 모양이신데, 앓는 소리를 내는 중에도 전도를 하시는 것이었다. 아마 낮에 구타당하신 까닭인지도 모른다.

「원 앓으시면서 까지 전도를 하시니」하고 최국진은 매우 놀랐다. 중간에 누운 창수도 이 소리에 놀라 깼다. 그래서 그들은 힘께 손 목사님을 간호하려고 목사님 누우신 곳으로 가깝게 가기 위해서 다른 사람과 자리를 바꿔가지고 보살펴 드렸다. 날이 샌 후에 간수에게 부탁해서 의사를 불러서 주사를 놓아드리게 해서 좀 진정이 되었다.

이렇게 해서 최국진이와 김창수와 함께 그동안을 가깝게 지냈는데 그전 일제시대의 유치장 생활과 비교할 때에,

지금의 하루가 일제시대의 한 달 만큼이나 괴롭다고 하시며 밥맛도 잃으셨는지 식사 때에는 절반씩 나누어서 같이 있는 이들에게 나누어 주시곤 했다. 틈만 나시면 기도와 성경 외우기, 그리고 전도하시는 일을 잠시도 쉬지 않으셨다.

**제 11 장**

# 말 없는 세 무덤

『누구요?』

『……』

『그 누구요?』

대답이 없으나 분명히 사람이 이편으로 오지 않는가?

『그 누구냐?』

『……』

『……』

『도적이야!』

『……』

『도적이야!』

소리를 질러도 역시 달아나지도 않고 이리로 오는 것은 분명히 사람이다. 사실은 도적이야 하고 소리를 질러도 좇아 나올 사람도 없다. 왜냐하면 인민군이나 민청원 같으면 몰라도 그 외에는 대낮이나 한밤중이나를 불구하고 마음 놓고 나다니지 못하는 때인데 '도적이야' 소리쯤에 설령 남자들이 있다고 해도 선뜻 좇아 나올 리가 없다. 그래서 비록 도적일망정 안심하고 오는

지도 모른다.

『성배냐?』

『……』

『성배 아니냐?』

『……』

성배라는 오십이 가까운 정신 이상이 들린 사람이 있었다. 그는 순천으로부터 여수까지는 아무 때나 어디든지 가고 싶은 데로 가는 사람이었다. 또 어디로 가든지 밥을 먹을 수 있는 안 미친 사람 같은 미친 사람이었는데 그 '성배'인가 하고 물어도 역시 대답이 없다.

새벽 날이 밝기 전에 조용한 뒤뜰에 나가서 기도하는 차 목사 부인은 손 목사님 댁에 얼마동안 신세를 지고 있는 중이었다. 기울어져 가는 달빛에 으스름하게 비치는 울타리 너머로 움직이는 이상한 그림자에 놀란 차 목사 부인은 뒤뜰로 가려던 발을 멈추고 다시 방으로 들어가 버리고 말았다.

그 정체 모를 새벽 손님은 죽음의 사형장에서 기적적으로 살아나와 손 목사님 댁을 찾아온 김창수 라는 학생이었다. 그는 온 전신에 흙을 묻히고 입은 옷이란 겨우 팬티뿐이었다. 어제 아침에 몸을 푸신 사모님은 이 학생이 온 것을 아시자 얼른 자기 방으로 불러들였는데 들어서자마자 학생은

『아이고 사모님 얼른 미평으로 손 목사님을……아이 추워, 무서워, 얼른……』 하는 순서 없는 말을 하고 그만 방에 쓰러지고 말았다. 그러는 순간 무슨 말인지 눈치를 챈 사모님은

『아 그런가? 우리 목사님은 성공하셨구나』 하는 말을 혼자 속으로 하신다는 것이 입 밖으로까지 나오고 말았다.

『어떻게 된 셈이오 학생?』 하고 갓난아이를 눈물에 젖은 눈으로 내려다보

시면서 사모님은 힘이 하나도 없이 물으셨다.

『네』하기는 했으나 정신을 차리지 못함인지 듣고 싶은 말을 안 하고 있는 것이 말을 물은 사모님에게는 심히 궁금하고 답답한 일이었다. 다시 물으시기를

『이제 학생 정신 났소?』

『……』

『……』

날이 환하게 밝기도 전에 뛰어들자 인사불성이 된 학생에게 미음을 끓여서 먹게 하고 또 자리를 깔아 쉬게 한 후에 도대체 어찌된 셈인가 물어보았지만, 그러나 그 말을 한 자기로도 확실히 무슨 뜻이었다고 다시 말할 수도 없는 말이었다. 따라서 창수의 말을 좀 더 자세히 듣고 싶었다. 〈미평으로 손 목사님을……〉 이렇게 한 말은 미평까지 손 목사님과 함께 왔다는 말인지, 또는 미평으로 손 목사님을 모시러 가라는 말인지, 그렇지 않으면 미평에서 무슨 일을 당하셨다는 말인지, 좌우간 얼른 그 진상을 알아야 연락도 하겠으므로 그 학생이 정신이 들기를 초조하게 기다리는데 「네」하고 한마디 했을 뿐 아무런 말을 못한다. 그러다가 거진 아침 먹을 때쯤 해서 정신이 났는지 일어나서 주위를 둘러보더니

『얼른 미평으로 사람을 보내 보십시오. 나는 목사님과 같이 감방에 갇혀 있다가 어제 밤중에 함께 사형장까지 갔었는데 기회를 엿보다가 뛰어 도망을 왔습니다.』 하고 자초지종을 다음과 같이 이야기하는 것이었다.

『어제 새벽 6시경에 이북에서 왔다는 소위 정치공작대는 무장을 하기 시작하더니 평복을 입었던 간수들까지도 무장을 했습니다. 그러더니 아침 교양을 받을 시간에 우리들에게 말하기를

「오늘은 우리 간부들이 결의하고 여러 동무들을 전부 석방시키도록 했으니 그리 알고 지시하는 대로 행동하기를 바란다.」하더니 그렇게 안 주던 물도 떠다 주고 담배도 피우게 하여서 그야말로 자유행동을 하게 하는 것 같이 보였습니다. 그러나 나는 그렇게 쉽게 석방될 것 같지 않아서 목사님에게 어떻게 될까요 하고 물으니

「석방이 문제가 아니라 최후의 승리가 문제지. 그러니 기도 많이 하여 영혼 멸망 받지 않기 위해서 이제 우리는……」라고 대답을 하시었습니다. 곁에 있던 최씨라는 이는 손 목사님과 같은 날 붙잡혀 온 이 동네 사람이라는데 석방시켜 준다는 말을 듣자 기뻐서

「손 목사님, 우리 집에 돌아갈 때는 제가 목사님 보따리까지 갖다 드리지요.」라고까지 하니

「그래, 고맙구먼. 어젯밤 꿈에 동인이 동신이를 보았는데 그렇게 될까?」하시었습니다. 그러더니 웬걸 저녁때가 되니 저녁이라고 주겠다고, 하나, 둘 하고 세어서 한 방이나 밥을 주었는지? 별안간

「밥 들이지 말라. 밥 가져 오던 것 중지해라」하는 고함 소리가 났습니다. 그런 뒤에 두런두런하고 어수선 하기에 밥 받는 구멍으로 내어다보니 무장한 폭도들이 각 방문 앞에 다가서는 것 같더니 조금 있다가 문을 열어젖히는 것이었습니다. 말하기를

「모두들, 자기들의 소지품을 들고 나와!」하며 행장을 차리라고 하고는 차례차례 줄로 묶는 것이었습니다. 나는 이때 어찌할 줄을 모르고 있었는데 아까 그 최씨라는 이가 손 목사님에게

「아마 인제는 죽이려는가 봅니다.」했습니다. 그러니까 목사님은

「글쎄 그러려는가 보지, 죽여, 죽여, 기도 많이 하여!」

하시고는 아무렇지도 않은 듯이 간단하게 대답을 하시더니 일어나 서서 그 사람들이 하라는 대로 오바를 입고 묶이시는 것이었습니다. 그 놈들은 우리들을 다 묶은 다음에 넓은 강당에다 몰아넣었습니다. 그리고는 일장 연설을 하기를,

「동무들은 죽이려면 이 자리에서라도 다 죽일 수 있을 것이로되 우리들은 동무들을 죽이지 않을 뿐만 아니라 동무들을 저 미국 놈의 종이 되지 않게 하기 위해서 순천까지 데리고 갈 것이니 안심하고 우리와 같이 행동을 해야 한다」 하고 권총을 차고 일본도(日本刀)를 든 사람이 위엄성 있게 둘러보면서 말을 했습니다. 묶인 사람들은 약 1,560명의 애국투사들이었습니다. 또 그는 말하기를,

「동무들 중에 잘 순종하는 이는 순천까지 간 후에 잘 교양시켜서 석방시킬 것이요, 좀 더 교양이 필요한 사람은 순천에 간 후 우리보다 훌륭한 사람에게 교양을 받게 하여 훌륭한 인민을 만들 것이다. 만일 도중에 입을 열어 말을 한다거나 옆을 본다거나 도주를 한다거나 하면 이 총으로 사정없이 칠 테니 그리 알기 바란다」

하고 위협을 하였습니다. 그이뿐 아니라 주위에 호위하고 있는 무장 폭도들은 일본도, 단도, 따발총들을 들고 있어서 삼엄하기 짝이 없었습니다.」

하고 그 무시무시하던 광경을 눈에 다시 보는 듯이 말을 하며 김 군은 몸을 움츠리었다.

때는 9월 28일, 전세는 자꾸 인민군에게 불리해졌다. 9월 15일에 연합군이 인천 월미도에 상륙한 후 16일에는 전 전선이 총공격 태세를 취하게 되었다. 영등포에 돌입, 김포 비행장 점령, 서울 시내에 돌입, 이처럼 하여 9월 28일에는 완전히 수도 서울을 탈환했다. 동시에 각지에 전세도 전부가 연합군이나

국군이 유리하게 되어 인민군은 후퇴를 안할 수 없게 되었다. 그러나 그대로 후퇴를 해버리기에는 너무도 전공(戰功)이 가석(可惜)할 뿐 아니라 다시 반격을 취하게 될 때를 생각해서 주체스러운 존재들이 될 것이니 미리 없애버리는 것이 현명하겠다고 하여 투옥했던 애국 투사들을 납치해서 데리고 가거나 그렇지 않으면 처치를 해버리는 것이었다.

　여수에서도 이 예를 면하지 못했던 것이다. 여수에서도 다른 데처럼 상업가, 선박, 기관장, 대한 청년단장과 단원, 전직 경찰관 토목국 소장, 교회 목사와 전도사, 학교 교장과 직원 대농가 한청 감찰원, 면장, 우편국장, 우편 배달부, 심지어 노동자까지 일백 오륙십 명이 검속당해 있었던 것이다. 김 군의 말은 다시 계속 되었다.

　『이렇게 모아 놓고 일장 훈시를 한 다음에 우리를 데리고 여수를 떠날 때는 밤 10시도 넘은 때였습니다. 추석날이라 달이 환하게 밝으니 공습이 무섭다고 몇 차례 도중에 쉬게 했습니다. 나는 감방에서 묶인 채 손 목사님과 함께 있고 싶었으나 그렇게 못 되고 손 목사님은 강대섭 씨라는 사찰계 형사로 지내던 키 큰 분과 함께 묶이시고 나는 그 다음에 다른 이와 묶이었습니다. 길을 갈 적에는 줄을 지어서 갔는데 손 목사님 다음에 어떤 부인이 있었고 그 다음에 내가 따라갔습니다. 그런데 어찌된 셈인지 목사님은 신발도 못 신으신 것 같았습니다. 호송하던 폭도가 손 목사님에게 희롱삼아,

　「동무는 직업이 무엇이지?」하니 대답하시기를

　「직업이라고 생각지는 않습니다마는 목사올시다.」하시니

　「목사? 그러면 동무가 감방에서 전도 많이 했다는 사람인가?」

　「네, 했습니다.」

　「왜 그렇게 전도하는 것이오?」

「예수 믿고 천당 가자고 전도하지요.」

「그래, 동무는 천당이 꼭 있는 줄 아나?」

「네, 있고말고요.」

「정신없는 소리, 있기는 무엇이 있어?」

「꼭 있습니다. 성경을 보면」

「아 하하하 천당. 그래 동무는 천당에 가서 잘 사오. 우리는 지상에다가 천국을 이루고 살 것이니……..」

「그러지 말고 선생도 예수 믿으시오.」

「시끄럽다. 건방지게 나에게도 전도야?」

「누구에게든지 전도……」하시는데 이때 별안간 총감독하던 이가 쫓아와서는 무슨 이야기 하였느냐고 말시킨 폭도는 내버려두고 손 목사님만 개머리판으로 구타하는 것이었습니다. 목사님께서는 맞을 때는 아무 말씀도 하시지 않았습니다. 도중에 가끔 뒤에서 총소리가 나면,

「어떤 놈의 개새끼가 도망하다가 총 맞는구나!」

하면서 우리들도 달아나면 그렇게 된다는 듯이 위협을 하였습니다. 약 두어 시간이나 되어서 미평지서 앞에 도착하자 그 앞에다가 쭉 앉혀 놓더니 고개를 모두 푹 숙이라는 것이었습니다. 그리고 나서 말하기를,

「공습이 심해져서 200명 이상이나 되는 집단이 함께 행동한다는 것은 위험한 일이다.」

하고 분대를 나누었습니다. 다 나눈 다음에 제1분대를 먼저 출발시켰는데 한 10분 후에 엠완(M-1) 총 소리가 요란하게 들렸습니다. 모두들 깜짝 놀라니 우리들을 지키던 폭도들은

「나쁜 놈의 새끼들, 또 도망질치는구나. 그놈의 개새끼들, 그래서 총을 맞

지.」하면서 변명처럼 욕을 한바탕 했습니다. 다음에 제2분대가 출발하였는데 손 목사님께서는 이 분대에 끼어 계셨습니다. 나는 그 때 제3분대였는고로 손 목사님이 떠나신 후에도 남아 있었습니다. 그러더니 역시 한 10분 후에 또 총소리가 나고 멀리서 소리 지르는 소리가 달 밝은 밤에 산에 울리는 것 같았습니다. 그러니까 또 같은 말로 폭도들은 우리를 속이려 했으나 암만해도 무슨 일이 있는 것 같아서 나도 최후인가 싶으니 죽는 것도 무섭지만 죄가 무서웠습니다. 기왕 죽는다면 꼭 천당에 가야할 텐데 하고 기도가 저절로 나왔습니다.

그러자,「제3분대 출발.」하였습니다.

나는 일어나서 가는데 지서에서 조금 떨어진 쑥바위 고개옆에 있는 과수원으로 끌고 들어갔습니다. 들어가기도 전에 들리는 소리는 비명과 신음하는 소리, 또 그러한 속에서도 찬송을 부르는 것 같은 소리였고 들어서자 코에 스치는 냄새는 화약 냄새 섞인 피비린내였고 눈에 띄는 것은 이편 과실나무 밑에서 꿈틀거리는 사람들이었습니다. 얼른 다시 눈에 띈 것은 일곱 놈이 저편 나무 밑에 숨어 섰다가 우리가 선 다음에 총을 쏘려고 벌써 총을 겨누고 있었습니다. 순간 어찌된 셈인지 내 손이 끌려져 있는 것을 알게 되고 이것을 알자 뛰고 싶은 생각이 왈칵 나면서 총을 겨누고 있는 놈의 쪽으로 확 대들면서 곁으로 뛰었습니다. 그 다음에는 어떻게 해서 어디로 뛰었는지는 모르나 몇 번 총소리가 나고 분명히 내 곁으로 총알이 지나가는 소리가 들렸습니다. 얼마를 왔는지 어디로 왔는지 정신을 차리고 보니 어떤 바위 밑이어서 그 바위 위로 기어 올라가서 우선 엎드려 기도를 드렸습니다. 기도하는 중에 손 목사님의 생각이 얼른 나면서 어떻게 되셨는지? 나처럼 혹 피하실 수 있었는지? 그렇지 않으면 총살을 당하셨는지? 알고 싶고 또 알리고 싶어서 작은 길로 해서 겨우 온 것입니다. 오는 도중에 앞뒤에 인민군 같은 것이 있어서 콩밭에 몇 번 숨어가며 왔습니다.』

이렇게 긴 이야기를 하는 창수 군의 눈에는 눈물이 고여 있었다. 고생으로 일관한 남편 잃은 아내, 하루를 사이에 두고 세상에 나온 아버지 못 본 아기라는 눈앞에 뚜렷한 현실이 눈물을 자아내게 하였는지도 모른다. 어느 틈에 들어왔는지 집안 식구는 거의 다 모여 있었다. 그들이 눈물을 흘리고 있는 것은 말할 것도 없다. 사모님은 애양원 안에 대강 손 목사님의 소식을 전했다.

『김 집사, 애기 가서 봤어?』

『아직 못 가 봤어.』

『누가 가 봤나?』

『박 장로 부인이 가 보았대요. 그런데, 꼭 손 목사님 닮았대요.』

하면서 벌써 눈물이 두 눈에 어리었다.

『글쎄, 그렇데요. 그런 것을 손 목사님은 보시지도 못하고……』

하면서 한숨 섞인 대답을 하는 것을

『왔나 가 봐.』 하고 별안간 독촉하는 이는 성 권찰이었고

『아직 안 왔을 것이여, 오면 알려 준다고 했어.』

하고 안 나가려는 이는 다리가 부실한 김 집사였다. 그러나

『그래도 나가 봐, 누가 아는가. 그 동안이라도 왔는지.』

『글쎄, 오면 알려 준다고 했다니까, 자꾸 나가만 보면 무엇 하나.』

하면서 마지못해 나가는 것이었다.

손 목사님이 체포당해 가신 후에 애양원은 애양원대로 가지각색의 곤경을 다 치렀다. 인민공화국은 반대했느니, 무전기를 숨겼느니, 국군과 순경을 감

쳤느니, 적기에게 무슨 신호를 했느냐느니 해서 이런 트집 저런 말썽을 걸어 가지고 가끔 와서 괴롭히는 것이었다. 그런데 이상하게도 공습해 온 비행기가 애양원도 한번쯤은 폭격을 했어야 할 것인데 그 부근 다른 곳은 폭탄을 투하해도 애양원에만은 절대로 없는 것이었으니 그런 구실거리를 가지고 와서 괴롭히는 것도 무리는 아니었다.

그래서 때로는 제직을 다 찾기도 하고 때로는 부장들만 찾기도 하고 또 어떤 때는 장로들을 찾아서 괴롭히는데 그런 중에도 박 장로는 반동분자의 괴수라고 인민재판을 한다고 사람들을 모아놓고 그의 비행을 묻기도 하고 사형을 한다고 강변에 데리고 가서 헛총을 놓기까지도 했다. 그리고 보니 하루 한때를 마음 놓지 못하고 지냈다. 사모님께서 득남하셨다는 9월 28일 그날 밤에도 애양원 위안관 앞 광장에다가 집사와 장로들을 모아놓고는 한바탕 위협을 하며 모두 죽일 것 같이 서둘렀었다. 그러나 아무리 서둘러도 근거 없는 말들이라 하는 수 없었던지 그러면 내일 아침 다시 올 터이니 다들 잘 생각해서 바른대로 말하라 하고는 가버리는 것이었다.

이들은 여수에서 후퇴하는 인민군이나 민청원들의 일부였는지도 모른다. 좌우간 무서운 밤, 공포의 밤을 겨우 보냈는데 아침 일찍이 손 목사님께서 사형장으로 어젯밤에 끌려가셨다는 말이 애양원 안에 무전보다 더 빨리 떠돌았다. 그것은 사형장까지 함께 끌려갔다가 도망해서 살아온 어떤 학생의 말이었다. 동시에 애양원 안은 확 뒤집혀졌다. 그 누구를 불문하고 놀라면서 울지 않는 이가 없었다. 그래서 바로 제직회를 모여 정달수, 홍순복, 김원태 세 사람을 현장으로 보냈는데 아무리 생각해도 손 목사님께서는 돌아가시지 않았을 것만 같이 생각되는 것이었다.

그것은 신사참배 문제로 풍비백산(風飛百散) 됐던 지난날의 일이 생각나는 것이었다. 일제 시대에 체포당해 가신 목사님께서는 신앙을 변절할 리가 없는지라 천당에서나 만나 뵈올 줄 알고 문자 그대로 신앙사수의 방랑생활, 구걸생활을 했다. 의외에도 8.15 해방이 되고 그 손 목사님이 자기들이 살던 옥종면 북방리 황 선생과 동신이를 데리고 찾아오시지 않았던가? 이처럼 기적적으로 하나님께서 살려 두셨다가 만나게 하셨던 것처럼 이번에도 비록 사형장까지 가셨지만 그야말로 특별한 기적이 없으란 법도 없으니 살아서 걸어오신 것만 같기도 하였다. 더구나 새벽에 왔다는 학생도 사형장까지 끌려갔다가 살아왔다고 하지 않는가. 성 권찰은 마침 결핵성 관절염으로 꼼짝 못 하나 정신은 있는지라 드러누워서 김 집사더러만 자꾸 소식을 알아오라는 것이었다.

세 사람이 떠난 때는 오전 10시경이었으니 빨리 갔다가 온다고 해도 오후 4시경은 될 것인데 열두 시가 못되어서 자꾸 기다려지는 것이었다. 그러나 오후 2시경에 손 목사님의 시체를 보았다는 사람의 말이 떠돌았다. 미평 괴악산 밑에 있는 그전 부면장네 과수원 안에 있었는데 몸에는 그리 상한 곳이 없는 것 같더라는 말이었다. 그래서 애양원 안에서는 빨리 빨리 서둘러 병원에서 들것을 꺼내고 홑이불을 가지고 행여나 기절하신 정도일까 싶어서 응급치료에 쓸 약품을 준비해 가지고 길을 떠나보냈다는 것이다.

그러고 보니 더욱 더 궁금증이 나서 자꾸자꾸 내다보는 것이었다. 이것은 이 집뿐이 아니었다. 건너 집, 뒷집, 앞집, 옆집 할 것 없이 모두가 이러는 것이었다. 그러나 아무리 내어다보고 바라보아도 나중간 이들은 물론 먼저간 이들도 돌아오지 않으니 그럴수록 모든 사람들의 생각에는 여러 가지 생각들이 가지가지로 일어나는 것이었다.

목사님이 조금만 다치시었다가 기운을 얻어서 일어나시어 어떤 집에 가서 치료를 받으시는 것을 찾지 못해서 헤매느라고 이렇게 늦는 것은 아닐까? 살기는 사셨는데 걸음을 잘 걷지 못하시어서 겨우 겨우 걸어오시느라고 이렇게 늦는 것이나 아닐까?그럭저럭 별안간

『오나 봐요, 김 집사―』하는 외마디 소리가 들리는 것이었다. 이 소리에 여 성도들은 모조리 방에서 뛰어 나왔다. 뛰어 나온 이들은 어디냐고 물을 것도 없이 정문 쪽으로 달렸다. 그러다가 달리던 그들은 저편에서 이리로 몰려오던 몇 사람과 마주쳤다. 경륜이 아니라는 것이다. 원뚝 저 쪽에서 온다는 것이다. 멀리서 이리로 오는 들것을 든 사람들 같은 것이 그 일행인가 싶다는 것이다. 일동은 모두들 그렇다고 보면서 얼른 가까워지기를 기다리는 것이었다. 벌써 몇 사람은 그리로 들어오는 샛길 문 쪽에 바싹 가깝게 서서 바라보는 이들도 있었다. 그러나 그것은 아직도 40분은 와야 할 멀리 보이는 거리였다. 그 40분이 한 일 년은 되는 것 같았다. 그동안에 애양원 안에 있는 사람들은 모조리 나와서 이리로 몰려와 있었다.

그들은 한 가지 생각에만 붙들려서 한 곳만 바라보고 있었다. 지금부터 6년 전, 8.15 해방된 후 청주 구금소에서 석방이 되신 손 목사님께서 돌아오실 때에도 이 길로 해서 애양원으로 들어오신 일이 있었는데 그때 맞이하던 기쁨! 그러나 지금은 정반대가 되었다. 16일 전에 분명히 애양원에서 걸어 나가신 손 목사님이 들것에 들려서 돌아오시다니, 16일 전에 분명히 생존해 계시던 손 목사님을 시체로 모시고 애양원으로 돌아오다니, 6년 전에 살아서 돌아오시던 길이 신앙투쟁의 승리였다면 오늘 죽어서 돌아오시는 이 길은 천국을 전취(戰取)한 개선장군의 개선식이라고 할까! 늙은이, 젊은이, 남자, 여자, 건강한 사람은 물론 중환자로 꼼짝 못 할 사람 이외에는 눈먼 환자까지도 남에게 부축을 받아가면서 이곳으로 모인 것이었다. 지금까지 김 집사님에

게만 나가보라고 하던 성 권찰까지도 관절염으로 아픈 증세를 잊은 듯이 다리를 끌고 나온 것은 물론이었다.

　이러한 가운데 들것에 손 목사님의 시체는 샛문을 통해서 여자부 뒷길을 지나 예배당 마당으로 들려 들어왔다. 마치 천군천사에게 환영을 받으면서 천국문으로 들어가는 성도의 영혼처럼!

　그러나 그 다음
　아! 덮었던 이불을 들어 보는 순간 약간 흙이 묻은 얼굴은 창백하여졌는데
　총대로 맞았다는 입술은
　으스러져 하얀 이가 보이고
　그러면서도 고요히 잠이 드신 것 같은 얼굴
　기적을 기다리던 소망의 바람은
　슬픔의 태풍으로 돌변하여
　눈물의 소나기가 쏟아지기 시작했다.
　더구나
　두 손바닥을 총알이 관통하였는지……
　함께 뚤려서 있는 것을 보아
　합장기도 올리시다가
　총탄을 맞으시지나 않으셨는지?
　또 어깨의 총탄 맞은 것 같은 자리에
　피가 많이 응고 된 것을 보아
　그 자리에서 출혈이 많이 되어서 운명하신 것 같고
　또 그로해서 장시간 고생을 하셨을 듯싶지 않은가!
　가슴을 치고 제 옷을 찢으며

시체를 부둥켜 안고 얼굴을 맞대고 비비면서
울고불고 통곡하는
나환자들의 정상은 무엇이라고 형용하기 어려웠다.
어떻게 아셨는지 누구에게 들으셨는지
순산하신 지 하루밖에 안 되는 무거운 몸으로 사모님은
이곳을 향하여 걸어오시지 않는가!
저 멀리 수평선 너머로 사라져 가는 낙조만이 고요한 저녁 하늘을 지키고
있었다.


10월도 13일 오전 아홉시
순교 당하신 지 보름이 지난 금요일
빼앗겼던 수도 서울을 탈환한 뒤에
못 찾던 적도(赤都) 평양까지도 점령했다고
각처에서 성대한 경축행사를 행할 때이건만
한바탕 난리를 치룬 여수 애양원에서는
이런 기쁨과는 정 반대로 슬픔에 잠긴
일천 백 명의 나환 신도들이 있었으니
남편도 되고, 아내도 되고, 아버지도 되고, 아들도 되며 주인도 되고, 종도
되는 손 복사님을 영결하는 장례식을 거행하는 것이었다.


때는 가까운 옛날 반세기전 1902년
고요한 산촌 칠원 한 동네에
가난한 농부의 맏아들로 태어났으나

주의 복음은 그를 불러 일으켜
나환자의 친구로, 옥중 성도로
사랑의 사도로, 순교의 제물로
살고, 걷고, 마치게 한 그의 일생!

성스런 나환자의 친구가 취미였다면
고난의 옥중 6년간이 평범하였다면
절치부심한 원수 사랑이 용이하였다면
장열한 순교의 최후는 소원이었으리니
십자가상에서 흘리신
속죄와 피로 씻은
그 은총 그 능력 그 섭리를 누가 알았으리요.

눈썹 없는 얼굴에서 성의(聖義)를 바라보고
오그라진 손가락에 영생을 만져보며
썩어져가는 살 속에서 천국을 찾아보던
몽매간(夢昧間)에도 잊지 못하던 그 애양원

금보다 귀한 믿음을 말로만 가르칠 뿐 아니라
신사참배 채찍에서 그 털을 만져주고
무자비 투쟁에서 그 몸을 가려주며
일천 백 명 양떼들을 사수하던 그 교회

지금으로부터 삼년 전 같은 달 10월
모리아산 꼭대기에 아브라함처럼
순교의 두 제물을 기쁨으로 바치면서
아홉 가지 감사를 부르짖던 그 마당

이제부터 한 달 전 같은 날 13일
로마를 사수하던 베드로처럼
숨을 장소, 피할 기회 다 물리치시고
20세기 네로에게 끌려가시던 그 자리
구름 없는 하늘은 여전히 높고
물결 없는 바다는 마음껏 넓어
그 끝 간 데를 모르는 조용한 아침 아홉시,

육백여장 가지각색의 만장이 둘리운 밑에
몇 날을 두고 곱고 아름답게 꾸민 상여를 앞에 놓고
성대하고 비장한 영결식은
원근각지에서 모여온 귀빈 조객들과
애양원 신도 일천백 명 눈물 속에서
엄숙하게 순서는 진행되는 것이었다.

목사님의 시체를 모셔온 후 울고불고 만지고 비비는 사람을 겨우 떼어 놓았다. 우선 피를 닦고 옷을 갈아입히고 침대에다 뉘어서 학교 교실에다 안치했다가 입관을 시킨 후에 목사님 댁으로 옮겨갔다. 3일을 보내고 나서는 가매장을 시켜 놓았다가 다시 파내서 영결식을 하는 것이었다. 그러는 동안에 사모님이 처음 시체를 대하실 때 기도 먼저 하시고 우시던 모양이라든지, 어머니 따라온 동련이가 목사님 시체를 무섭다고 안 보려고 할 때에

『동련아, 너를 업어 주시고 사랑해 주시던 아버지시다.』하시던 말씀이라든지 시체를 거두어 드릴 때에 덜 감아진 눈을 쓸어 덮으시면서 사모님이

『애양원 걱정 고만 잊고 눈을 감고 가소, 눈을 감고 가소.』하시던 말씀이라든지 침대에다 시체를 모시고 갓난아기를 안고 사진을 찍었는데 눈 감으신 목사님과 잠든 아기의 꼭 같은 얼굴 모습이라든지, 입관을 시킨 후에 사모님이 유리 붙인 데로 들여다보시면서

『정을 떼고 가소, 정을 떼고 가소. 26년간 깊이 든 정을 떼고 가소. 그런데 왜 이리 정이 떨어지지 않는가?』하시면서 그 곁을 안 떠나려고 하시던 것이라든지를 모두 일일이 집필로 기록하지 못하겠거니와 그런 중에도 신성포에 있던 재선 군이 쫓아 들어와 시체를 부둥켜 안고

『죽을 나를 살려 놓고서 아버지 먼저 돌아가시다니 이 웬말입니까?』

하면서 울던 모양은 산천초목까지도 다 서러워하는 듯하였다. 그리고 나서 두건을 쓰고 삼베 두루마기를 입고 목 맏상제 노릇을 하는 것이었다.

재선 군은 손 목사님이 체포당하시기 전에 애양원으로 찾아가서 피신하시도록 서둘러 보았으나 듣지 않으셨다. 그래서 손 목사님과 함께 애양원 사수를 각오하고 있으려 하였으나 목사님이 또한 이를 반대하시면서 꼭 신성포로 돌아가서 거기 있는 생가 부모를 돌보아 드리라는 것이었다. 큰형은 국군으로 징집이 되고 둘째, 셋째 형들은 서울에서 공부하던 중 6.25 이후에 돌아오지 않아 소식 들을 길이 없으니 실로 그 집안에서도 재선 군을 학수고대 할 것이었다. 그래서 몇 날을 그대로 애양원에서 지내다가 신성포 집 일이 궁금

해서 다니러 갔다가 인민군이 들어와서 꼼짝 못 하는 몸이 되고 말았다.

인민군이 들어오자 여러 가지 일을 시키는 중의 하나가 수위 의용군 모집하는 일이었다. 재선 군의 나이도 해당 되는지라 마음 놓고 나 다닐 수 없어서 집안에 숨어버리고 말았다. 그러나 애양원 일이 궁금해서 신성포 교회 여집사 한 분을 보내서 그곳 정보를 들었던 것이다. 그러는 동안에 손 목사님이 여수로 체포당해 가셨다는 소식도 들었다. 이런 소식을 들었을 때에 재선 군의 마음은 무엇이라 표현하기 어려웠고 그의 처신은 더욱 난처했다. 나도 목사님처럼 차라리 잡혀가거나 했으면 하였다. 그러나 잡으러 다니는 민청원들을 보기도 싫었다. 여수로 가서 자기의 과거 지낸 이야기를 하고 손 목사님의 석방운동을 했으면 싶었다. 그러나 자기의 과거를 말한다고 해서 잘했다고 칭찬해 줄 것 같지도 않았다. 그렇다고 그대로 들어 앉아 있을 수도 없어서 생가 부모님께 상의도 하여 보았으나 신통한 결론을 못 얻었다.

이럭저럭 하는 동안에 세월만 갔다. 임신 중이신 사모님과 그 가족을 위해서 식량도 보내고 생선도 부쳤으나 그것으로 만족하지 못했다. 그러자 9월 30일인가 해서 인민군이 후퇴했다는 소문을 듣고는 영결식 마칠 때까지 동장이, 동수, 동련이, 동길이들보다 앞서서 끝까지 맏아들 노릇하느라고 애를 썼다.

식을 마친 후 시체는 앞서 보낸 동인, 동신 군이 묻힌 동도 두 무덤 뒤에다가 장사를 지냈다.

그렇게 한 지 며칠이 지난 후

어떤 날 새벽 먼동도 트기 전, 바닷물결 찰싹거리는 동도,

짠 냄새 풍기는 바닷바람을 쏘이며 세 무덤 사이에 고요히 엎드려 간절히 기도하는 부인이 있었으니 그는 장독 같은 두 아들을 앞세우고 사랑하는 남

편은 먼저 보내고 철 없는 어린 자식들을 데리고 살아야 할 세상에서는 가장 불행하다고 할 수 있는 사모님이시었다.

　장례식이라고 해서 끝을 마쳤으나 방안에 들어 앉아 있기가 싫어졌다. 신사참배 문제로 손 목사님께서 체포당하셨을 때 놀라기 시작한 가슴이 동인, 동신이 순교당한 소식을 들었을 때 더해졌다. 내무서원에게 손 목사님이 붙들려 가셨을 때에 찢어지는 것 같던 가슴이 순교 당하셨다는 소식을 들었을 때에 더 심해졌는데 이제는 생각만 해도 몸에서 열이 나고 무엇을 어떻게 하여야 할지를 모를 정도였다. 더구나 해산한 다음 날부터 장례식 마칠 때까지 무리를 했더니 그 동안은 몰랐었는데 긴장이 풀리고 나니 온 몸이 얻어 맞은 것처럼 무겁고 괴로웠다.

　밥을 먹어도, 옷을 보아도, 아기가 울어도, 누가 무슨 말을 조금 이상하게만 해도 뻗치는 것이 소위 신경질이다. 눈을 뜬 때만 아니라 눈을 감으면 더하다. 동인이가, 동신이가, 그리고 목사님이 눈에 아물아물 보일 듯 보일 듯 하지 않는가! 무슨 소리가 들리는 듯 싶고 무슨 말을 하고 싶지 않은가! 잠이 잘 올 리가 없고 깊은 잠이 들 리가 없다. 이 구석 저 구석에서 모두들 걸어나오는 것 같고 이문 저문 밖에서 부르는 것만 같다. 세상은 두 아들을 순교자라고 칭찬을 하고 사람들은 남편을 성자라고 부러워한다. 그러나 순교자의 어머니, 성자의 아내란 그렇게 좋은 것 같지 않다.

　순교자의 어머니가 안 되어도 두 아들이 살아 있으면 좋겠고, 성자의 아내가 못 되어도 남편이 살아있는 것이 든든한 것만 같다. 순교자 되어 하늘나라에 가는 것도 좋고, 성자가 되어 천국에 있는 것도 좋겠지만 그 때문에 모조리 겪은 내 고생을 그 누가 알며 그 누구에게 하소연하랴! 자라나는 어린 것들은 어떻게 하며 인연 맺은 믿음과 사랑의 아들 재선이는 누가 지도하겠느냐? 도대체 공부한다고 서울 가서 아직도 안 돌아온 동희는 어떻게 되었느냐? 보통 신앙이 아닌 황선생과 함께 있으니 딴 실수는 없겠으나, 믿음 때문에 꼭 무슨 일을 당했을 것만 같다. 그 언젠가 황선생과 동희가 살아있는 꿈을 꾸었다고 말씀하시며 기다리시던 손 목사님도 이제는 돌아가셨으니 꿈에 살아 있었다고 꼭 살아 있으란 법이 어디 있겠느냐!

재선이가 소식을 알려 간다고 떠났지만 그 후 아직도 소식이 없으니 이 역시 시원하지 않다. 평온한 때 같으면 안 선생이 서울에 있으니 잘 돌보겠지만 난리가 났으니 서로 어떻게 되었는지 알 수가 없다.

살아있다면 목사님 순교 당하신 소식을 들었을까 못 들었을까? 듣고서 어떻게 이때까지 소식이 없으랴! 우리 국군이 자꾸 이겨나가서 적군을 대동강 너머까지 몰아냈다고 이 집사가 라디오에서 들었다는데 그렇다면야 안 선생이나, 황 선생이나, 동희가 살아있다면 벌써 왔을 터인데……

이렇게 이 생각 저 염려가 순서도 없이, 그러나 그칠 사이도 없이, 머리를 시끄럽게 할 때 세상 모르고 잠자는 갓난아이를 내려다보는 것도 위로는 되지만, 아빠 못 본 자식, 막내둥이 못 보고 죽은 아버지를 생각하면 이 역시 가슴 아픈 조건의 하나이자 세상 근심을 잊어버리는 길은 못되었다.

〈에라 밖으로 바람이나 쏘이러 나가자!〉 하고 나서신 것이 미리 생각한 것도 아니지만 발길은 애양원 삼부자 묻혀있는 쪽으로 향하여진다. 넘다 남은 으스름 달빛을 통해 저 멀리서 부르는 소리가 들리는 것 같고, 이리로 걸어오는 모양이 보이는 것 같아서 애양원 정문으로 들어와 여자부, 독신료 앞을 지나서 예배당 곁을 지날 때, 철야 기도하는 성도들의 기도 소리가 왕왕 들려오니, 강대상 위에서 설교하시던 목사님의 모습이 보이는 듯 사라지고, 외치던 설교 소리가 들리는 듯 없어지지 않는가! 이름 모를 뫼들을 지나고 원뚝을 건너서 동도섬을 찾아들 때 세 무덤 속에서 세 사람이 「여보」,「어머니」하고 나오는 것 같았으나 지나가는 바람이 다박솔을 흔드는 것이었다.

 동신이 여기 누웠구나, 동신이가 거기 누웠구나, 목사님 그 편에 누우셨구려, 나도 눕기나 할까? 이곳은 벌써 무덤이 아니라 사랑하는 남편, 보고 싶은 아들들이 누운 넓은 안방 같았고 이곳은 벌써 땅위의 무덤이 아니라 가고 싶은 천국, 살고 싶은 낙원 같지 않는가!

 여보!

 동인아!

 동신아!

 앞으로 뒤로

 곁으로 안으로

 「주여 나를 어찌 하시렵니까! 오 주여!」

 눈물 섞인 기도와 함께 사모님은 세 무덤 사이에 엎드리고 말았다.

 그러나 말 없는 세 무덤!

 불러도 말 없는 세 무덤!

 울어도 말 없는 세 무덤!

 천사장 나팔 소리는 어디쯤 오고 있는가?

## 제 12 장

# 사랑으로 승리를

정신없이 장례식을 치르었다고 할는지! 장례식이나마 오래 하였으면 좋을 뻔했다고 할는지 모르나, 하여간 장례식을 마치고 난 후에 애양원 안에는 이상한 소문이 떠돌았다.

손 목사님을 잡아준 사람은 바로 애양원에 있는 사람이라는 말이다. 그러니 이 말에 안 놀란 사람이 그 누구이겠으며 한편 긍정하고 싶은 사람이 몇이나 되겠느냐? 천부당만부당한 소리다. 유언비어도 유만부동(類萬不同)이지, 손 목사님을 민청원이나 내무서원이 체포해 갔다는 것은 있었던 일이요, 또 있었음직한 일이다.

그러나 애지중지하던 애양원 식구가 손 목사님을 잡혀 가시도록 해주었다고 해서야 될 말이냐! 더구나 장례식을 마친 후에, 10일간이나 장례식에 참석차 부산에서 왔던 박인순 선생을 모시고 부흥회를 하는 중에 많은 은혜를 받았는데 만일 그런 일이 있었다면 벌써 자복이라도 했을 것이 아니냐. 그리고 보니 원내 행정부문의 책임자들인 6부장들이나, 신앙 청년들은 말할 것도 없지만, 유년 주일학교 학생들에게까지도 수군수군하는 문제가 생겼다.

『애 복순아, 성심 어머니가 그러는데 우리 손 목사님을 잡아준 이가 우리

원내에 있다는데 누가 그랬는지 아니?』하고 묻는 말에

『알기는 누가 알아, 공연히 사회 사람들이 우리 원내 사람들이 미워서 지어낸 소리지. 애, 아무렇기로서니 우리 손 목사님을 잡아줄 사람이 어디 있겠니?』

하면서 복순이는 불만에 쌓여 얼굴을 찡그리었다. 사실로 사회라는 곳은 무서운 곳이었다. 애양원에 찾아온 환자들이 각각 자기 집에 있을 때에는 그 식구나 또 친척이 업신여기는 것은 말할 것도 없다. 그런데 격리된 이곳에 있는 것도 어떤 면에서는 무섭게 느껴질 정도로 환자의 집단체인 애양원을 미워하는 것이었다. 그것은 이 집단을 일종의 인간 기생충으로 생각하는 까닭이었다. 또 환자들이 무엇을 한다고 신앙생활을 하느니 어쩌느니 해서 젠 체하는 것이 못마땅해서 오는 점도 있었다. 오죽해야 인공(人共) 시대에는 모조리 살해시키려고 죽창(竹槍)까지 깎으라고 했을까!

『장로님, 우리가 이런 억울한 소리를 듣고 가만히 있을 수 있겠습니까?』하고 다소 흥분해서 질문하는 사람은 애양원 청년 중의 한 사람이었다.

『그러면 밖에서 소문이 들려온 그대로 사람을 찾아내기 위해서 위원장 이하 몇 간부를 데리고 좀 문초해 볼 필요가 있지 않을까요?』

『글쎄, 그러나 잘못하면 공연히 서로 감정만 상할 터이니 확실한 증거가 없는 이상 들려오는 말로 짐작만 하고 문초할 수도 없지 않은가. 감정 상하지 않고 하는 수는 없을 것 같고……』 대단히 난처한 입장이다.

『그렇다고 그대로 있을 수 있겠습니까? 증거 될 만한 것이 있다면야 사실을 밝혀내면 되지 않겠습니까? 사실로 원내에 있는 이가 했다면 찾아내서 누구인지 회개시킬 필요도 있다고 봅니다.』

『그러면 말일세. 우리 제직이나 6부장들에게만 말하지 말고, 공동회의를 열어서 그 회의에서 가결 되는 대로 일을 진행시키도록 하세.』

『그렇게 하도록 하는 것이 좋겠습니다.』

그래서 공동회의를 열고 만장일치로 이 사실을 규명하기로 하여 즉시 위원장이었던 사람과 서기장이었던 사람들 외 몇 사람을 구금시켜 놓고 문초하기 시작했다. 그러나 위원장이었던 사람이나 서기장이었던 사람은 그 사람들대로 또한 불평이 있었다. 누가 그 위원회를 조직하고 싶어서 조직했으며 그 누가 위원장이나 서기장 노릇을 하고 싶어서 한 일인가? 그때 형편으로 대외 접촉을 하기 위하여 2중 행정을 할 필요를 느껴서 우리에게 억지로 그 책임을 맡겨 주었던 것이 아니냐.

특히 식량 배급을 받기 위해서 그랬던 것이고, 그래서 마지못해 위원장이니 서기장이니 하는 책임을 맡았고, 따라서 아무 것도 대내적으로 한 일이 없을 뿐 아니라 대외적으로도 아무 특별한 일이 없지 않았는가! 그랬던 것을 이제 와서 무슨 주책없는 소문에 움직여서 구금을 시켜 놓고 이 야단을 하니 억울하기 짝이 없는 노릇이었다.

『여보 김 선생, 얼른 바른대로 한 일을 말하시오..』

『무슨 말이라니?』『무슨 뜻인지 모르니 묻는 말 아니오..』

『다 아는 일이 아니오. 손 목사님을 잡아준 사람에 대한 일 말이오..』

『글쎄, 나도 기가 막힐 일로 알고 그 누구인지 알기만 하면 나라도 잡아내어서 무슨 결판을 내고 싶은데 나에게 물으니 모르는 것을 어떻게 대답하라는 말이오..』

『그러나 당신 아니고서야 알 사람이 어디 있단 말이오. 그래도 당신은 위원장 노릇도 했고 저편과 통하는 점도 있었으니 말이오..』

『무엇이요? 통해요? 통하다니 내가 통한 것을 무엇을 보아 안단 말이오?』
김 선생이란 이는 오히려 노발대발이다.

문초를 시작한 청년측도 이에는 내어 놓을 조목이 없었다. 보통 다른 사회 같으면 고문을 해서라도 취조하겠으나 손 목사님 계시던 애양원에서 그렇게 할 수도 없다. 그렇다고 자백을 안 하니 열길 물속은 알아도 한 길 사람의 마음속은 모른다는 말처럼 그 한길 마음속을 알 수 없음이 안타까운 일이다. 그래서 적은 분량의 식사로 그들을 괴롭히어 자백하도록 하는 수밖에 없었다. 한편 아무리 하여 본다고 한들 모르는 일을 모른다고 할 수밖에 없다. 그렇다고 함부로 말할 수도 없어서 될 대로 되어라 하고 구금당한 이들도 기도하면서 기다리는 수밖에 없었다.

『동무들이 누구요?』
『네―, 우리들은 애양원에서 왔습니다.』
『애양원이라니?』
『저― 나환자들을 수용하고 있는 곳입니다.』

하고 문답하는 소리를 율촌 분주소에 와서, 유치장에서 몇 날을 보내며 석방되기를 기다리고 있던 우익청년 한 사람이 9월 12일 의외로 이 말을 듣게 되었다. 무심코 앉았던 이 청년은 이 소리에 전 신경이 쏠렸다. 문답은 계속되었다.

『아 ― 저 신풍에 있는 것 말이지요? 아, 알겠습니다. 그런데 무슨 일로 오셨는지?』

『네, 다름 아니라 우리 애양원에도 식량 배급을 좀 해 주시라고 청하러 왔습니다.』

『여보시오. 식량 배급을 해 주겠다고 벌써부터 면 인민위원회에서 기별하지 않았습디까?』

『네, 그런 기별도 있었습니다만……』

하고 말 뒤를 잇지 못하는 데는 까닭이 있었다. 애양원은 8·15 해방 후 사회부를 통해서 일정한 배급을 받아 가지고 일천백 명이 생계를 유지하여 왔으나 인민공화국이 되어도 역시 정부 기관의 배급을 받아야 살 것만은 사실이었다.

그런데 도에서는 군 인민위원회를 통해서 식량 배급을 한다는 공문까지 보냈으나 문제는 그것을 받기 위해서 애양원 인민위원회를 조직해야 할 텐데 이것이 절대로 성립이 안 되는 것이었다. 그래서 애양원 직원들 중 일부에서 하는 수 없이 율촌면 인민위원회에 특청을 해서 250가마니의 쌀을 배당해 받기로 했으나 이 또한 손 목사님 이하 중요한 간부들은 이를 반대하는 것이었다.

그리고 보니 가정료나 여자 독신료도 그렇지만 남자 독신료에서는 식량 문제로 차차 굶게끔 되니까 하는 수 없이 외출해서 걸식하러 나가는 이들도 생기게 되었다. 그러나 이 역시 용이한 일이 아니었으니 구걸을 나가도 평화시대처럼 구걸 오는 이에게 밥을 잘 주지 않는 것이었다. 그런데 저들 말이 신앙에 대해서는 절대로 자유라고 하는데 왜 쓸데없는 고집을 부리는지 알 수 없는 것처럼 느낀 몇 사람이 하는 수 없이 6부장에게 진정서를 낼까 하다가 중간에 그만 두어 버렸다. 그러던 중에 이런 생각이 났다. 분주소에 찾아가서 식량 배급을 받도록 주선해보자는 것이었다. 그리하여 오기는 했는데 막상 말을 하려고 하니 말이 막히는 것이었다.

『기별이 있었는데 왜 안 찾아 갑니까?』 하고 묻는데 이때 아침에 나갔던 다

른 서원이 들어오는 모양이었다. 다른 음성으로

『이 동무들은 누구요?』하고 묻는다.

『네, 저 애양원에서 온 동무들입니다.』

『애양원?』

『그런데, 웬일로 오셨소? 동무들이!』

『식량 배급해 달라고 왔습니다.』

하고 먼저 서원이 대신 대답을 해 주니

『식량 배급 말요? 들으니 애양원에서는 안 찾아 간다더구먼!』한다.

이 말에는 아무 할 말이 없었는지 잠간 침묵이 계속되더니 그 말을 들은 먼저부터 있던 서원이

『그것은 무슨 까닭입니까?』하고 묻는다. 그러나 무엇이라 대답할 말이 없음인지 한참 망설이는 듯싶었다.

『저희들 생각에는 오셔서 애양원 위원회를 조직해 주시기 바랍니다.』하고 동문서답격인 말을 하니

『아 — 동무, 알아듣겠소. 내일 우리가 곧 가겠소.』하더니

『가자면 그 내용을 좀 알아야 할 텐데……』하고

『그전에 있던 사람들은 다 있소?』

『네, 식량 관계로 약간은 변동이 있으나 대개는 그대로 있습니다.』

『그 참, 6부장들 다 있소?』

『네!』『또 교회 장로들도 다들 있고』

『네!』

『손 목사도?』

『네!』무심코 네 — 소리를 내놓고 아차 했다. 그러나 다시 생각하니 설마

손 목사님이야 어떻게 하겠느냐? 원수를 용서해 주어서 당신 아들까지 삼은 성자를 하고 위로를 받았다.

『차 과장도?』

『차 과장님은 안 계십니다.』

『아 —알겠소. 동무들 그러면 내일 우리가 위원회 조직시키러 갈 것이니 그리 아시오.』

『네, 와 주십시오.』 이러한 문답이 있은 후 애양원에서 온 사람들은 가는 것 같았고 남은 그 동무들은 내일 될 성과에 흥이 났던지 적기가(赤旗歌)를 큰 소리로 부르는 것이었다.

잠을 잤다고 할는지 까무러쳤다고 할는지 차라리 죽었다고나 할는지 분명히 총도 맞았고 쓰러지기도 했는데 눈을 떠보니 달빛은 여전히 비치고 별도 또한 반짝거리는 확실한 밤이었다.

〈내가 지금 살아 있나? 죽어 저승엘 왔나?〉

분명코 눈에 보이는 것이 있는 것을 보아 죽지 않은 것 같아서 청년은 자기 몸을 가만히 움직여 보았다. 움직여진다. 피비린내와 화약 냄새가 코를 쿡 찌르는 것 같았다. 자기 몸이 몇 시체 사이에 섞이어 있지 않은가! 그럴 것이다. 6명이 끌려가서 7명에게 총알을 받았으니 시체 속에 있는 것도 무리는 아니었다. 그래서 숨을 죽이고 동정을 살피어 달아날까 하는 순간적 충동에 몸을 일으켜보려 했으나 다리가 억눌러서 움직일 수가 없다. 혈맥이 통하지를 않아서 그런 듯싶어 좀 진정을 해서 다리를 움직여 볼까 하는 찰나에,

『우리 다시 검시(檢屍)해 볼까?』하는 소리가 들린다.

『그래봅시다.』 몇이 걸어가는 소리가 났다. 검시란 무엇? 또 어떻게 하는

것이냐? 조금 있더니

『이놈은 아주 죽었다.』한다. 또

『이놈은 좀 숨이 남은 것 같은데?』하니

『그러나 피를 이렇게 쏟았으니 살기는?』

『그래도』하더니 별안간

『아야 아야 아이고 이놈아』하는 비명이 들린다.

  부지중에 이 청년은 눈을 떠서 그 비명이 들리는 곳을 바라보니 달빛에 비치어 번쩍하는 장검, 소위 일본 칼 같은 것을 가진 확실한 수는 모르나 3, 4인이 보이는데 그야말로 밤귀신 같다. 큰 칼로 시체를 차례차례 찔러 보면서 검시를 하는 것이었다. 이를 본 청년은 본능적으로 일어나 달아날까 했으나 아직도 다리가 움직여지지 않는다. 아 — 이제는 죽었다 싶어서 다시 다리를 들어 보았으나 안 된다. 그자들은 점점 가까이 다가온다. 어떻게 할까 하다가 고개를 다른 시체속에 파묻고 소리를 안 지르리라고 이를 깨물었다. 이 어디인지 푹 찔리우는데도 참고 소리를 안 질렀다.

  깜박 실신을 했다가 정신을 차리고 보니 역시 고요한 밤이다. 피비린내가 코를 찌른다. 고개를 드니 움직여진다. 아까 어디를 찔리웠나 하고 보니 아픈 데가 없다. 이상해서 팔을 들어보았다. 조금 들리다 탁 걸리는 것은 묶이운 줄이다. 여전히 두 손목이 묶이운 채 있으나 하나는 거의 풀러 있다. 줄을 풀기 전에 다리를 움직여보고 발목을 흔들어보았다. 그리고 무릎을 구부려 보았다. 다 된다. 상한 데는 어디냐? 없는 듯싶다. 뭉클하고 손에 느껴지는 것은 곁에 있는 시체에서 쏟아져 나온 피가 자기 가슴 옆으로 흘러 응고가 된 것이다. 얼른 몸을 일으켜 보았다. 아! 된다. 일어서다 다시 주저앉았다. 좌우를 둘러보았다. 행여나 누가 있는가 하고. 아무도 없다. 달아나자. 기어서 어서. 나 좀 끌러 주어! 하는 소리가 어떤 시체를 기어 넘을 때에 들리는 듯싶었다. 그러나 그 소리에 머무를 사이가 없었다. 쿡쿡 가끔 머리와 어깨에 부딪히는 것이 있는데 무슨 나무다. 소나무는 아닌데 무슨 과일나무 같았다. 그러나 그것을 판단해 볼 마음의 여유가 있을 리 없다. 한참 가다가 쿡 찔리는데 자세히 보니 가시철망이다. 과수원 철망이니 그리 힘들지 않았다. 감쪽같이 철망 사이로 빠져 나왔다.

　이렇게 해서 살아나온 그 청년은 그 후에 손 목사님의 시체를 찾아왔다는 이야기, 또 장례식을 행한다는 이야기를 듣자 손 목사님이 잡혀 들어오시던 날에 내무서에서 주고받던 이야기, 손 목사님을 모시고 유치장 속에서 지내던 이야기 등을 말하게 되니 손 목사님은 애양원의 몇몇 사람이 말을 안 했더라면 안 잡힐 뻔 했다는 말을 하게 되었다.

　그 말이 누구의 입을 통해서 전해졌는지 손 목사님을 잡아준 이가 애양원에 있다는 말로 쫙 퍼지고 말았다. 고의로 손 목사님을 잡아 가도록 밀고를 해서 한 것이 아니니 정말 밀고한 사람이 혹시 있는가 싶어서 자기들의 식량 교섭하러 갔던 사실은 범죄라고 생각지는 않았다. 그렇지만 이 일이 날이 갈수록 악화일로(惡化一路)를 밟게 되면서 원내에서는 상당한 물의가 일어나니 그때 식량 교섭하러 몰래 갔던 사람들은 자연히 드러나게 되었고 또 회개를 하는 것이었다.

　그러나 이구동성으로 사모님을 위시해서 잘못을 깨닫고 회개한 그들을 오히려 보호해주고. 어떻게 알았는지 율촌 주재소와 씨 아이 씨(C. I. C)에서까지 애양원에 찾아와서 당사자들을 붙들어 처리하려 할 때에 모두를 변명해 주어서 무사하게 되었다는 것이다. 모든 행동의 초점이

「만일 손 목사님이 살아계셨다면 그들을 어떻게 처리 하셨겠느냐?」라는

점이었다.

손 목사님에게 있어서 이런 일이 있었다는 것이다.

1946년 해방된 다음에 어떤 봄날이었다. 광주행 열차에 몸을 실은 손 목사님은 광주에 도착하였다. 이번이 해방 후 첫 번 가보는 광주다. 먼저 1940년에 애양원에서 피검(被檢)당한 후에 여수 경찰서에서 10개월을 보내시고 나서 기소되어 광주로 압송 당하던 때와는 달라 감개무량함을 느끼는 것이었다.

기차에 손님은 무엇이라 말할 수 없이 많았다. 더구나 일본에서 여수를 거쳐서 귀환하는 동포들로 해서 대혼잡을 이루고 있었다.

〈그때는 이렇게 복잡하지는 않았으나 내 몸은 묶이었고 지금은 자유의 몸이나 주위가 복잡하여 몸을 움직이기까지 어렵구나!〉하면서 이상한 감회를 느끼면서 광주역에서 내리셨다.

오후의 광주는 좀 복잡하였다. 하늘은 무등산 위로 높고 맑게 개어서 구름 한 점 없는 날씨이다. 아래로 시가지는 상당히 복잡하였다. 많은 사람들 틈에 끼어서 한참 서쪽으로 가다가 재판소 가는 쪽으로 꺾인 큰 길로 들어섰다. 그 때에도 손을 묶이어서 형사들 3인에게 압송당할 때에 이 길을 지나서 광주 구급소로 가던 일이 생각났다. 실로 천 가지 느낌과 만 가지 생각이 떠오르는 길이다. 여기를 지나가는 사람은 이를 아는지 모르는지!

한참 걸어 가다가 재판소 정문 앞이 가까워지자 발걸음을 멈칫했다. 해방된 오늘에도 여전히 이 재판소에서는 많은 사람들이 들락날락 하는 것들을 볼 때에 감개무량함을 느끼게 되는 때문이었다. 도대체 죄란 언제까지 있으며 죄인이란 언제나 없어지는 것인지! 그때 보던 그 정원 여전하건만 그동안 꽃은 몇 번이나 피었다 졌으랴! 형사의 심문을 받으시던 제5호 법정까지 가 볼까 하다가 손 목사님은 그만 두셨다. 들어가 본들 무엇하리.

그리고 재판소 정문을 지나서 바삐 바삐 전라남도 도청을 향하여 가셨다. 도청 문을 막 들어서자 갑자기 저편에서 굽실거리며 오는 중년 신사가 있다. 그가 고개를 들 때 손 목사님은 깜짝 놀랐다. 그는 틀림없는 금성구웅(金城久雄)이라는 전 형사가 아닌가! 자기를 1년 반, 아니 6년간 철창생활을 하도록 만든 원수 같은 사람이 아닌가! 그러나 더 놀란 것은 그의 얼굴빛이다. 샛노란 얼굴이 아닌가. 그러면서 말하기를

『아이구 목사님 여기 오십니까? 아 언제 오셨습니까? 진작 인사도 드리러 가야 했을 터인데, 아― 목사님, 용서해주십시오.. 그저 죽을 때가 되어 그랬었습니다.』하며 굽실 굽실하며 용서를 빌었다. 손 목사님은 그를 보고, 그 태도를 보자 얼른 두말 할 것 없이

『아이 김 선생, 그 무슨 말이요. 원 별말씀을 다 하시오.』하고는 손을 내밀어 악수를 청하면서

『김 선생, 안심하시오. 내가 두 가지를 이해합니다. 첫째는 그 시대가 나빴습니다. 한참 일본이 망해 가려고 덤빌 때 어떻게든지 전쟁을 이기려고 하나 여의하게 안 되어 자꾸 한국 사람을 일본 사람으로 만들어서 이용하려고 할 그 시대가 아니었습니까?

둘째는 김 선생의 직업이 나빴습니다. 하고 많은 직업 중에 그 때 형사의 직업을 가졌으니 누구인들 그 시대에 그 직업을 가지고 그렇게 않고 어찌 살았겠습니까? 나와 김 선생이 무슨 원수이기로 나를 그렇게 했겠습니까? 다만 그 시대와 그 직업이 김 선생으로 하여금 나를 그렇게 하도록 한 것이지요. 그러나 나로서는 그때에 그 시험이 가장 큰 시험이었습니다. 내가 하나님 앞에서 그 시험을 이길 수 있게 되었으니 나는 아무 걱정이 없게 되었습니다. 그러니 그때 그 일은 내가 잊어버렸으니 김 선생도 안심하시오. 내게 무슨

용서할 것이 있겠습니까? 그저 김 선생도 예수 믿으시오.』

하고 안심을 시키면서 전도를 했다.

『아이구 감사합니다. 믿구 말구요. 아 믿겠습니다.』하고 그는 안심하면서 미안한 태도로 손 목사님과 작별하였다는 것이다.

이러한 손 목사님이 알지 못하고 범죄 한 그들에겐들 어떻게 하셨겠느냐. 말할 것도 없이 용서가 있었을 뿐이었으리라.

이래서 이 사건을 무사히 일단락 짓고 말았다.

오직 모든 일에 사랑으로 승리를 가진 사람들이다.

## 제 13 장

# 죽도록 충성한 사람

『고모!』

『왜?』

『아버지 안 돌아가셨어.』하고 잠자다 말고 동희는 황 선생을 깨웠다.

『어떻게 알어?』

『어젯밤 꿈에……』

『나도 안 돌아가셨다.』하고 손뼉을 치면서 황 선생도 기뻐했다.

『꿈꾸었수? 말해 보우.』

『너 먼저 말해 봐라.』

『고모 먼저 말해 보우.』

『너 먼저 말해라.』

『고모, 그러지 말고 먼저 말하우.』

서로 상대편의 꿈을 듣고 싶어하는 것이었다.

이들은 갑자기 닥쳐온 6·25 사변 중에도 서울에 남아 있었으나 특별한 이상 없이 구사일생으로 9·28 서울 수복까지 맞이하게 되었던 것이다. 그러나 교통이 즉시 복구가 안 되니 여수로 갈 수가 없었다. 통신도 안 되어서 여수 애양원으로 소식을 전할 수도 없고, 그곳 소식을 들을 길도 없어서 날마다 답답한 시간만 보내고 있었다. 누가 부산에서 돌아왔다고 하면 행여나 여수 소식을 들었나 하고 아침밥도 먹지 않은 채 만나보러 가고, 밤이 되어도 시간가는 줄 모르고 찾아다니는 것이었다.

그동안에 벌써 서울 시내에서만 희생 혹은 납치된 분이 장로교, 감리교, 성결교, 구세군의 목사님과 장로님만 해도 사십오륙 명이나 된다고 하지 않는가? 그 중에는 늘 출석하던 서소문 교회 김동철 목사님도 계서서 그 집에 위문하러 가보면 평시에도 곤란하게 사셨는데, 6·25사변을 치룬 뒤에는 말할 것도 없이 더 어렵게 지내시므로, 만일에 손 목사님께서도 순교하셨다고 하면 애양원은 어떻게 되었으며 손 목사님의 남은 가족은 어떻게 되었을까 해서 밤이 되어도 잠이 잘 안 올 지경이었다.

시월 팔일인가 영락교회에 가서 남하하였다가 돌아오신 한 목사님에게 물어보니 손 목사님이 부산에 오셨다는 말을 못 들으셨다는 것이다. 시월 열나흐렌가 어떤 목사님을 만났는데 손 목사님은 애양원에서 순교하셨다는 것이었다. 그러나 그날 또 들으니 어떤 미국 해군이 배를 가지고 와서 손 목사님을 일본인가 미국으로 모시고 갔다는 말도 들려왔다. 그 다음날 다시 들으니 박재봉 목사 이성봉 목사님과 함께 세 분이 제주도로 가셨다는 소식도 들려왔다. 그러니 어떤 말이 정말인지, 어떤 말이 거짓말인지 몰라서 하는 수 없이 황 선생과 동희는 서로 약속하기를, 하나님께 목사님의 안부를 되어진 그대로 꿈에서라도 가르쳐 주십사고 기도하자고 의논했다.

첫날밤도 아무런 꿈이 없었다. 그러자 사흘째 되던 날 밤에 동희는 꿈을 꾸었다. 머리도 안 깎으시고 파리해진 얼굴로 계시는데, 왜 그러고 계시냐고 하니 금식 기도하시면서 굴 속에 숨어 있느라고 머리도 못 깎으셨다는 것이었다. 이 꿈을 꾼 동희는 안 돌아가셨다는 꿈으로 단정을 하고는 얼른 그것을 알리려고 곁에 누운 황 선생을 깨웠고, 황 선생은 황 선생대로 정해금 선생과 함께 손 목사님이 눈같이 빛나는 흰 옷을 입고 빛나는 얼굴로 성경책을 들고 들어오시더니

『너희들 나 기다렸지? 나 죽은 줄 알고 궁금해서 혼났지? 나 안 죽었어』

하시는 꿈을 꾸었으므로 꿈이란 반대라는데 그렇다면 돌아가셨다는 뜻일까?

그러나 되어진 그대로 보여 주십사고 기도했는데,

『나는 안 죽었어』 하셨으니 안 돌아가셨다는 뜻일까? 어느 편일까? 하고 잠을 깼으나 해몽을 하느라고 자리 속에 누운 채 가만히 있는데 동희의 수선스런 소리에 놀라 일어나 안 돌아가셨다는 결론을 먼저 짓고, 서로 위로를 받으며 꿈 이야기를 자랑삼아 하는 것이었다. 꿈을 꾸는 인간의 행복이란 이런 때가 아닐까?

『어머니, 벽보가 붙었는데 손 목사님께서 순교하셨대요.』

『무어?』 하고 깜짝 놀라는 박 부인은 들고 있던 바느질감을 자기도 모르게 놓으면서

『언제 순교 하셨다드냐?』 하고 물으니

『언제 순교하셨는지 몰라도 추도회가 이달 29일, 주일 오후 2시에 있다고 해요.』

『어디서?』

『남대문 교회에서요.』

이렇게 아들과 문답을 하는 박 부인은 벌써 눈물을 머금었다. 작년 6월엔가 서울 신당동 중앙교회에서 부흥집회를 인도하실 적에 누구보다도 더 자

기는 많은 은혜를 받았다. 그때에 믿지 않던 자기 남편에게 세계의 성자가 부흥 집회하니 꼭 가자고 권하여 간 것이 동기가 되어, 자기 남편도 교회 출석을 시작하게 되매 따라서 과거 8년간 당하던 직접 간접의 핍박과 곤란이 다 사라져버렸다. 그래서 그 후에는 서울 부근 어디서든지 손 목사님이 인도하시는 집회라면 모든 일을 미루고 따라 다니면서 은혜를 받았다. 그리고 돈암교회 집회까지도 가 보았는데 그때가 금년 4월에 6·25 사변이 났는데 다행히 자기 집안에는 아무도 연고가 없어서 하나님께 감사했으나 손 목사님이 순교 당하셨다는 말은 무슨 소리보다 더 놀랍고 슬픈 소리였다.

어디서 어떻게 순교하셨는지 이것을 누구에게 물어야 좋을지 몰랐다. 본 교회 안길선 목사님도 납치를 당하셨고 남하했던 다른 이들은 아직 돌아오지는 않았으니 물어 볼 길이 없었다.

그러다가 문득 생각에 혹시 건넛집 조 집사 부인이 알까 해서 박 부인은 하던 일을 걷어치우고 그리로 물어보러 갔다. 그러나 조 집사 부인 역시 처음 듣는 말이라고 하지 않는가? 하는 수 없이 조 집사 부인과 박부인은 함께 그 벽보가 붙어 있다는 곳을 가 보았다.

길가 타다가 남은 판장에

---

사랑의 사도 순교 추도회
손양원 목사 시월 이십 구일 오후 2시
장로교 남대문 교회

---

물어야 대답 없는 흰 종이에다 먹으로 쓴 벽보는 그의 아들이 말한 대로 분명히 쓰여 있지 않은가! '그는 정말 가셨나? 조 집사 부인은 박 부인을 보았

고, 박 부인은 조 집사 부인을 보았다. 서로 상대편의 눈물 어림을 보았다. 그 어느 날엔가

「목사님, 생신이 어느 날이시며, 주소는 어디십니까?」하고 적어달라고 하니

「나의 주소는 내 주님의 품속이며, 나의 생일은 중생된 그 날이 오나 중생한 일자는 미상합니다. 고로 땅위에 사는 나는 장막 생활이며, 나의 생일의 기쁜 잔치는 천당에 들어가는 그 날 뿐이외다.」

라고 적어 주시더니 지금쯤은 천당에서 생일잔치를 하시겠지! 하는 생각이 슬쩍 지나가는데, 벽보를 보던 사람 중에

『에이! 쯧쯧쯧 또 큰 인물 한 분 없어졌구나?』

하고 군소리처럼 하면서 지나가는 것을 보았다.

그날 저녁때 밖에 나갔던 박부인 남편이 집에 돌아오는 길에 연합신문을 무심코 샀다가 거기서 다음과 같은 기사를 읽으면서 발걸음을 재촉하여 집으로 오는 것이었다.

「주의 계시를 사수

손양원 목사의 거룩한 순교

일제시대 신사참배 거부로 6년간 옥중 생활을 하다가 해방을 맞았으나, 재작년 여순 사건시에 적구(赤拘)들에게 두 아들을 순교의 제물로 드리고 그 살해 죄로 사형 당하려는 자를 구출하여 신앙의 아들로 삼은 사랑의 사도 손양원 목사는, 6·25 공비 남침 이래에도 25년간을 함께 지내던 나병환자 신도들의 여수 애양원 교회를 끝끝내 사수하다가, 국군 총공격에 패주하는 괴뢰군에게 지난 9월 29일 새벽에 49세를 일기로 무참히도 피살 순교 당했다고 한다. 손 목사님의 순교를 추모하기 위하여 오는 10월 29일 하오 2시에 서울

남대문 교회에서 추모 예배를 거행키로 되었다고 한다.」

『오늘은 사랑의 사도 고 손양원 목사의 순교 추도회를 우리가 갖게 되었습니다. 사람이 세상을 떠나면 의례히 추도회를 갖게 되는 것이 통례인데, 추도회란 애도의 뜻을 표하는 모임일 것입니다. 그러나 슬픔이 있을 리 없는 죽음이 손양원 목사님의 죽음이라면 추도회라 하지 않고 추모회라고 부름이 진실로 적당한 부름일까 합니다.』

이렇게 개회사를 하는 분은 70세의 고령으로 손 목사님의 선배이신 동시에 신앙의 동지격인 채정빈 목사님이시었으니 낙산 푸른 언덕을 동편에 두고, 인왕산 수암 골짜기를 서편에 보며, 청송 남산을 등에다 지고, 저 멀리 북한산 연봉을 고요히 바라보면서 말씀하시는 노 사도의 얼굴은 감개무량함을 금치 못하는 것 같았다.

바로 금년 2월인가 해방촌에 있는 자기가 맡아보는 산성 교회에 와서 부흥회를 인도하실 때에 은혜 받던 그 일이 생각나는 동시에, 한국 교계의 산 역사격이며 다시없을 주의 큰 일군이 없어졌음을 비장하게 여기셨음인지!

이조 500년이 일장춘몽이라면, 왜정 36년이 고단픈 한여름 졸음이라면, 적치(赤治) 3개월은 꿈속의 또 꿈이었으리니,

6·25 이후에 **빼앗겼던** 수도,

9·28 진격에 다시 찾은 서울

흘러간 옛 일을 소리 없이 말해 주는 남대문 네거리, 기둥까지 없어진 폐허가 된 교회 더미위에서 국화 두 송이 단출하게 장식하고, 1950년 10월 29일 하오 2시, 순교하신 지 만 일 개월 되는 손 목사님을 서울 장안에 있는 수많은 교인들이 모여 추모하는 것이었다.

노 사도의 말씀은 계속이 되었다.

『나는 「사랑의 원자탄」에다 아들들은 성자의 일을 했고, 아버지는 성부의 일을 했고 지은이는 성령의 역사를 하였다고 제자(題字)를 하고 싶었습니다.

아들 형제를 죽인 원수를 살려서 자기 아들을 삼은 그 분이 이제 자기까지 순교하고 말았습니다. 순교 순교 하지마는 여기에도 분간이 있어야 할 것입니다. 예수 믿다가 죽었다고 다 순교가 아닐 것입니다. 악한 원수들을 자꾸 욕하다가 붙잡혀 죽은 사람도 순교자라고 할 것이나 손 목사님의 순교는 전혀 다를 것입니다. 마귀가 예수를 죽이고 나면 꼭 저희가 이길 줄로 생각했던 것같이 저들이 손 목사님 삼부자를 죽이고 나면 이 나라의 기독교가 없어질 것으로 생각했는지는 모르나 그것은 마귀의 초 실수였습니다. 원컨대 우리들은 모두 다 손 목사님 같이 되었으면 합니다. ……. 운운.』의 말씀이셨다.

「내 평생 소원 이것뿐 주의 일 하다가 이 세상 이별 하는 날 주께로 가리라……」라는 찬송을 부르는 동안 몇 차례인가 서울에서 집회하시던 손 목사님의 가지가지 모습이 본 그대로 또 여러 가지 모양으로 모인 사람들의 머릿속을 스쳐가는 것이었다.

새벽, 오전, 그리고 밤, 정해 놓은 집회에서 진리의 말씀을 가르쳐 주시던 그 모습은 말할 것도 없거니와, 때로는 여순사건을 들어 골육살상을 하지 말자고 하시던 그 모습, 때로는 국가패망의 원인의 하나인 우상숭배와 국기배례 문제로 해서 울면서 밤새워 기도하시던 모습, 때로는 감옥을 찾아가서 「나도 여러분과 꼭 같은 죄인이올시다.」하고 위로해 주시던 모습, 그런 중에도 여자 오바를 입기도 하시고, 또는 여우 목도리를 두르시고도 아무렇지도 않은 것처럼 큰 거리를 활보하시던 어린 아이 같은 그 모습 등등이 추모되는 것이었다.

『생사화복을 주장하시는 아버지, 국가 흥망을 지배하시는 아버지』하시고 이 학인 목사님의 기도가 순서를 따라 드리게 되었다.

『주의 종이 피를 쏟았다 하오니 당신의 섭리를 깨닫지 못하겠나이다. 주님만을 위하여서 이 땅 위에서 살던 그 종입니다. 어떤 때는 병자를 위하여 울고, 병자와 더불어 먹으며, 어떤 때는 주를 위하여 핍박을 받고, 마지막에는 주를 위하여 그 목숨까지도 바쳤나이다. 그러나 그 종의 음성을 통하여 듣던 주님의 복음을 이제는 들을 길이 없사오니 할 일 많은 이 강산에서 그 일을 누구에게 하라고 그 종을 불러 가셨나이까? 이미 제2차 해방까지 주셨으니 좀더 주의 종을 남겨 두셨더라면 얼마나 이 땅 위에서 더 많은 역사를 하겠습니까? 그를 불러 가신 주의 섭리를 저는 깨닫지 못하겠나이다. 다만, 주여! 신앙의 열매를 맺지 못하고 생명을 바치지 못한 흐리터분한 과거의 신앙생활을 우리들로 하여금 회개하게 하시고 주님의 종처럼 이 몸과 이 마음을 온전히 주님 위해서 바칠 수 있는 저희들 되게 하여 주옵시기 간구합니다. 주의 종을 부르심으로 영광 받으신 주여, 주의 종과 같이 순교의 제물이 될 수 있도록 저희들에게도 은혜를 주시옵고 능력을 주시옵소서. 무서운 환란을 당한 이 강산에 주의 종이 흘린 피가 반드시 값이 있을 것이오니 주의 종의 피가 한 알의 밀알이 되게 하시고, 우리는 그 밀알의 많은 열매가 되어서 주께 큰 영광 돌릴 수 있도록 복 주시옵기를 간절히 기도하옵나이다. 오늘 이 집회도 주관하여 주시옵고 그 종의 유가족에게 큰 위로 내려 주시옵소서. 의인의 자손은 굶어죽지 않는다 하셨사오니 그들에게 일용할 양식도 풍성히 주시옵소서. 사랑이 많으신 예수 그리스도의 이름으로 기도하옵나이다. 아멘.』

그 뒤를 이어 성경 봉독, 고인 양력 소개가 있었고, 6·25사변 이후에 남하했다가 애양원까지도 방문했던 김흥복 집사의 순교전후 보고가 있었다.

『이 성스럽고 오묘한 사실 앞에서 조금도 가감 없이 솔직히 말씀 드리겠습니다.』해놓고는 애양원을 방문하였을 때에 보고 들은 이야기, 애양원을 떠난 후에 애양원과 여수에서 되어졌다고 들은 이야기를 아는 대로 상세히 보고를 하였다. 그의 한 마디 한 마디가 모인 사람들의 눈물을 자아내는 것이었다. 특히 순교 당하시던 전날 9월 28일 아침에 사모님께서는 순산 득남하셨다는 말이라든지, 나환자들은

「자기들을 낳아준 부모들까지도 내버려두고 양식이나 대어 주는 처지인데, 손 목사님께서는 입으로 우리 나환자들의 종처를 빨아주시기까지 해 주셨는데 이제는 누구를 믿고 사느냐」

하며 울부짖던 모양의 이야기라든지, 신앙과 사랑으로 맺어진 안재선 군이 손 목사님 순교 후 앞서간 동인, 동신 군을 대신해서 만상제 노릇을 하는데 시체 앞에서

「나를 살려 놓고 아버지께서는 왜 먼저 돌아가셨습니까? 하고 슬퍼하던 모양에는 실로 산천초목도 다 슬퍼하는 것 같았답니다.」하는 보고에는 일동은 소리를 내어 우는 것이었다.

순서를 따라 남대문 교회 담임 목사이신 김치선 목사의 설교가 있었다.

『오늘 손 목사님의 추모회에 여러분께서 많이 참석해 주셔서 감사합니다. 서울 장안에는 좋은 교회가 많이 남아 있음에도 불구하고 불타서 터만 남은 우리 남대문 교회에서 이런 성스러운 집회를 하게 된 영광을 하나님께 감사드립니다. 또 더구나 불초한 이 몸이 추모회에서 설교를 하게 된 것을 무한한 영광으로 생각합니다.』

하는 인사를 우선 하여 놓고 요한계시록 2장 10절, '죽도록 충성하라' 하신 말씀을 가지고 구약시대에 충성 일관한 '요셉'과 손 목사님을 대조하여 말씀하셨다.

1. 요셉이 악을 대적해서 충성한 것처럼, 손 목사님도 일생을 통해서 악을 대적하기에 충성하셨다.

2. 요셉이 하나님 묵시에 충성한 것처럼, 손 목사님도 하나님의 묵시를 일점도 틀리지 않게 증거하셨다.

3. 요셉이 자기 의무에 대해서 충성했던 것 같이, 손 목사님도 애양원을 위하여 충성하셨다.

4. 요셉이 어려운 시험 중에도 충성했던 것 같이, 손 목사님도 한국교회를 위해서 6년간 옥살이를 피하지 않으셨다.

5. 요셉이 높이 있을 때에도 충성했던 것 같이, 목사님도 칭송을 무수히 받아도 조금도 자긍하는 일이 없이 충성하셨다.

이 다섯 번째를 말씀하실 때에는 지금은 타버린 남대문 교회에서 손 목사님을 모셔다가 부흥회를 할 때에, '세계적 성자 손양원 목사'라는 말을 썼더니 그「세계적 성자」라는 문구를 지워버리라고 하여 얼른 안 지웠더니 끝끝내 지우라고, 안 지우면 설교 않겠다고 해서 기어이 지워버렸던 생각이 여러 교인들 머리에 떠올랐으리라.

6. 요셉이 죽도록 충성했던 것 같이 손 목사님도 순교의 자리까지 충성하셨다. 따라서 이 두 사람의 죽도록까지 만사에 충성한 근거가 어디 있느냐 하면 첫째 믿음에 있고, 둘째 사랑에 있고, 셋째 소망에 있다고 말씀하신 다음에 결론으로

『손 목사님의 순교로 말미암아 이 나라가 기독교 나라가 될 것이니 이는

손 목사님의 순교의 값은 참으로 큰 것입니다. 사도 바울 말씀하신 대로 달려가야 할 것입니다. 우리 한국 기독교는 손 목사님의 순교를 모범하여 그와 같이 하늘에 소망을 둔 사람이 뒤를 이어 많이 나오게 될 것이라고 믿습니다.』
하고 설교를 마치셨다.

한국 교회와 손 목사, 한국 민족과 손 목사에 대해서 확신과 소망을 주는 열렬한 설교가 끝났다.


그 다음에 사회자의 소개에 따라 강단에 올라 선 박형룡 박사님은 먼저 비장한 표정을 지으며 일동을 내려다보시더니 추모사를 펼쳐 드시고,

『우리 한국 교회의 유일한 자랑이요, 최대 최애의 표준인 손양원 목사님은 우리들을 떠나 다른 세계로 가시었다.』

하고 읽기 시작하셨다.

『그는 일부러 우리들을 떠나려 하신 것도 아니건만, 흉적의 흉탄을 받아 돌연히 참담하게 별세하신 지 벌써 1개월입니다. 그는 이미 생존 세계를 벗어나 역사상의 인물로 되었으니, 우리는 다시 더 그를 대면하여 교훈을 듣거나 눈을 들어 그의 행적을 보거나 할 수 없고, 오직 우리 마음의 신령한 안목을 열어 그의 과거 생활의 성스런 언행을 추모할 수 있을 뿐입니다. 한국 교회의 신도 우리들은 우리 교회의 유일한 자랑이요, 최대 최애의 대상인 손양원 목사님을 성심 성의로 영구히 추모하여야 할 것입니다. 왜냐하면 그는 우리 교회의 역사상에 다시 나타나기 어려운 위대한 존재이기 때문입니다. 아니 그는 세계 기독교 사상에도 유(類)가 드문 위인 됨에 틀림없습니다.

오호라, 손 목사님의 가심이여!

한국 교회는 그 역사상에 다시 나타나기 어려운 위인을 잃은 것입니다. 손

목사님의 위대하심을 무슨 말로써 형용할는지 나 역시 말할 바 모르나 간단한 몇 가지로 그의 생애의 특성을 지명할까 합니다.』하고 장내를 한 번 둘러보신 다음에,

『첫째로 손 목사님은 위대한 경건한 사람이었습니다. 그의 일생은 기도로 호흡을 삼고 성경으로 양식을 삼아, 영적 만족과 감사 충만함으로 빈한이 도골(到骨)하되 개의치 않고 찬송을 끊지 않은 희세(稀世)의 경건인이었습니다. 그는 옥고 6년간에 자신이 수척하여 피골이 상접하고 가정에서는 애자 동인 군이 공장에서 일하여 23원 월급을 받아 자기는 3원 쓰고, 20원을 본가 생활비로 보내었으며, 황 모라는 여성도 와서 다른 몇몇 성도가 동냥을 하거나 또는 애양원에서 몰래 몰래 십일조 떼어 모아 놓은 양식을 가져다가 가족을 먹이는 등 참담한 빈궁 중에도 옥중에서 자기 부친, 애처, 애자에게 보내는 편지에는 항상 만족해하라, 참아라, 감사해라 하는 말뿐이었고, 몇 해 전에 두 아들의 순교의 죽음을 당한 후 시체들을 관에 옮겨 올 때에도 그 관 뒤에서

「고생과 수고 다 지나간 후
**광명한** 천국에 편히 쉴 때
인애한 주 모시고 서는 것
영원히 내 영광 되리로다」

라는 찬송을 하셨다 하며,

애자 형제의 장례식 끝에 답사하면서 아홉 가지 감사 조건을 뽑았다 합니다. 세상에 경건한 신앙 생활자가 천이요, 만이 있다하되 손 목사님과 비견(比肩)할 자는 매우 드물 것입니다. 우리는 이 위대한 경건인 손 목사님을 성심 성의껏 영구히 추모해야 하겠습니다.』

일동은 다음 말씀을 기다리는 것이었다. 무슨 종류의 추모인가 하고……

『둘째로, 손 목사님은 위대한 전도자였습니다. 그는 교역 수십 년에 열심히 전도하여 여러 교회를 설립하고 또 목회하신 것은 물론이요, 전국 여러 교회에 청빙을 받아 순회하면서 부흥사경회(復興査經會)를 통하여 죄악에 묻힌 가련한 영혼들에게 생기를 불어넣어 살리신 것이 헤아릴 수 없이 많습니다. 그는 작년 4월 우리 신학교 사경회에 오신 것이 해방 후 제51차로 자기가 인도하는 사경회라 하셨으니, 그의 일생을 통한 부흥사경 전도의 성적은 얼마나 다대하였을까요? 그는 신사참배 불복으로 투옥되어 일본 법관에게 취조를 받을 때에도, 관공리에게 전도할 좋은 기회로 알고 경관에게 기독교 국가관, 신관, 기독관, 성서관, 죄관, 말세관 등을 다 설명하였기 때문에 조서가 500여 면에 달하였다 합니다. 그의 설교는 성경 진리를 토대로 하고 신앙 체험을 개진(開陣)하는 위에 성령의 능력 충만한 어른이어서 청중의 심령을 크게 움직이었던 것입니다. 우리는 위대한 전도자 손 목사님을 성심성의로 영구히 추모해야 하겠습니다.』

일동은 그의 경향 각지를 다니면서 하시던 대부흥회를 상상하는 것이었다. 추모사는 다시 계속되었다.

『셋째로, 손 목사님은 위대한 신앙의 용사였습니다. 일정 말기 대 핍박 중에 하나님의 계명을 지키어 정조를 보전하기에 6년의 옥고를 견인(堅忍)하여 마침내 승리하셨습니다. 그는 오랫동안 미결수로 수고하고 광주 형무소에서 1년 반의 징역을 살고도 그의 신앙적 용기에 추호의 저상(沮喪)이 없기 때문에 만기된 후에도 출옥을 못 하고 구금소로 끌려가서 경성, 청주 등지에서 다시 수년의 옥고를 당하셨으니, 당시에 신앙을 보수하기 위하여 수난한 옥중 성도가 다수한 중에도 손 목사님은 그 으뜸의 용사로 나타나신 것입니다. 우리는 이 위대한 신앙 용사 손 목사님을 성심성의로 영원히 추모하여야 하겠습니다.』

일동은 눈시울이 뜨거워짐을 느끼게 되었습니다.

그러한 중에서도 이 말씀을 들을 때에 특히 손 목사님의 신앙 인격을 추모하며 자기의 불급한 과거의 죄를 참회하면서 흐느껴 우는 이가 있었으니, 50이 가까운 김 모라는 사람이었다. 그는 가정생활이 구차하여 부득이 일제시대에 광주 형무소에서 근무했다. 그 때에는 불신자였을 뿐 아니라 어느 정도 친일파 행세를 해야 승급도 되고 출세도 되는 때였다. 그래서 신사참배를 않겠다는 고집을 꺾으시고, 그 일이 잘하는 일이라고 여러 가지 고통을 손 목사에게 가한 일이 많았는데 그런 때에는 자기도 한 몫 끼어서 거들었던 것이다. 특히 주일이 되면 작업도 안 하고 목욕도 안 하고 때로는 그 적은 밥이나마 금식 기도 한다고 단탄을 하시고 예배 본다고 꼼짝도 안 하시기 때문에 주던 형벌……. 이렇게 옥중에 옥중 생활을 시키던 일을 생각하니 그때에 자기가 여간 미워지는 것이 아니었다.

8·15 해방 후에 그 직업을 그만두고는 서울로 와서 자기 처가의 전도를 받아 지금은 신자 노릇이라고 하고 있으니, 그때 그 일이 큰 죄 같아서 무엇이라고 말로 다 할 수 없었다. 특히 자기로서 죄송한 것은 해방 2년 전 1943년 정월인가 한참 추울 때, 손 목사 아버지라고 70이 넘은 할아버지가 손 목사님을 면회하러 오셨던 일이 있었는데 늙은 아버지로서 구금 중의 아들을 향하여, 조금도 나무라지 않고 건강과 가정일에 대해서만 몇 마디 하시고는 돌아가시던 부자간의 그 모습이 자기 머릿속에 깊이 남아 있는데 그 때 좀 더 그들에게 시간을 줄 것인데 그렇게 못한 것이 후회가 되는 것이었다. 언제 한번 손 목사님을 만나서 모든 잘못을 고백하고 청산된 생활을 이야기 하리라

했는데, 서울에 있으면서도 차마 발이 안 내키어서 차일피일 미루다가 영영 자복할 기회를 잃은지라, 추모회에 참석해서 눈물을 흘릴 수밖에 없었던 것이다. 박 박사는 다시 힘을 들여

『넷째로, 손 목사님은 나환자의 위대한 친구였습니다. 그는 교역을 시작할 때에 부산 나병원 전도사로 시작하였고, 목사가 되어 목회하기도 여수 애양원 나환자 교회에서였습니다. 그는 중간에 건강인들의 교회 일을 본 경험도 약간 있으나 그의 교역 일생의 대부분 25년간을 나환자들의 친구 목사로 헌신하고 종신하여, 지금 그 3부자가 나환자 교회 애양원 안에 매장되었으니 세상에 나환자의 친구가 있다 하여도 이렇게 진실한 친구는 없을 것입니다. 우리가 만일 성 프란시스가 노상에서 나환자를 보고 말에서 내려 입 맞춘 사실을 위대하게 보아 교회 역사상에 기록하여 칭송한다면 나환자 가운데서 일생을 바친 이 손 목사님은 얼마나 더 위대한 나환자의 친구로 칭송해야 할 것입니까. 우리는 이 위대한 나환자의 친구 손 목사님을 성심성의로 영구히 추모해야 하겠습니다.』

이 위대한 나환자의 친구 손양원 목사님이 소개될 동안 모인 회중보다 좀 떨어진 나무그늘 아래 밀짚모자를 깊숙이 눌러쓰고 남루한 옷을 입고 혼자 앉아서 유달리 흐느껴 우는 한 사람이 있었다. 남들은 다 벗었는데 벗는 것이 예의인줄로 알면서도 벗지 못하고 누구보다 더 식장에 가까이 가서 순교의 사실을 듣고 싶어도 다가앉지 못하는 그이는 두말할 것도 없이 나환자였다.

손 목사님은 진주나 대전이나 또 다른 어느 곳에 가서든지 걸인들 특히 나환자들이 모여 사는 다리 밑이나 산기슭을 일부러 물어서 찾아가보는 것이었다. 그래서 그들과 예배를 보아서 전도도 하시고 또 특히 민족이나 국가의 기생충이 되지 말고 비록 불구의 몸이나 기도의 공장이 되어 이 민족, 이 국

가 위해서 이바지 하자고 권면하시는 것이었다.

8·15 해방 후 석방된 손 목사님은 파리해진 몸으로 애양원으로 가시는 길에, 옥종면 북방리를 가시다가 진주 남강 긴 다리 밑에서 걸인을 모아놓고 전도하실 적에 섞여 있던 무명의 한 나환자가 그럭저럭 구걸을 하면서 돌아다니다가 서울 부근으로 오게 되었다. 그래서 신당동 중앙 교회에 안 길선 목사님이 관계해서 지도하시는 나환자 임시 수용소인 망우리 공동묘지 안에 있는 집단소에서 지냈다.

작년에 수용소에 손 목사님이 안 목사님의 인도로 오셨을 때에 만나 뵈었고 또 함께 예배를 본 일이 있었던 것이었다. 그 후에도 안 목사님을 통하여서 늘 손 목사님의 소식을 들었으나 6·25사변 이후에는 그 소식을 듣지 못하던 중 우연히 어제 저녁 때 구걸을 하러 돌아다니다가 벽보를 보고 손 목사님이 순교하심을 알게 되었던 것이다. 어떻게 된 셈인지 알지 못하겠는지라 안 목사 계시던 신당동 중앙교회를 찾아갔으나 교회당도 다 불타버리고 또 안 목사님도 납치되시어서 물어볼 길이 없었다. 안타까이 남대문 거리 불타고 남은 어떤 집에서 밤을 보내고 이 집회에 참석을 했으나 남다른 몸이라 조심을 하면서 누구보다 더 진심으로 존경하는 손 목사님을 추모하는 것이었다.

아까 어떤 부인 집사님이 애양원 환자들이 말하기를 이제는 누구를 믿고 살겠느냐고 울었다고 할 때에 자기도 그 말을 하고 싶었는데 이제 추모사를 듣노라니 손 목사님을 몰랐던 것은 아니지만 다시 한 번 그의 위대하심에 놀라지 아니할 수 없었던 것이다. 동시에 이제부터는 나환자들의 낙심이 클 것을 생각하니 참으로 눈물밖에 흐르는 것이 없는 것 같았다. 들고 있던 성경책을 펼쳐서 책 속에 사인을 해 받은 누가복음 17장 11절~19절을 다시 한 번 보았다. 손 목사님의 필적이 분명하지 않느냐!

『다섯째로』해 놓으시고는 박 박사는 한참 말씀을 못하시더니,

『네— 다섯째로 손 목사님은 위대한 원수 사랑을 한 사람이었습니다. 여순 반란 사건 중에 자기의 두 사랑하는 아들을 살해한 학도가 국군에게 체포되어 사형을 받게 될 때에 자기의 딸과 나덕환 목사님을 보내어 백방으로 교섭해서 구출하고 자기의 자식으로 삼아……』

하고는 눈물 섞인 소리로,

『신앙으로 교육을 하며 성경학교에 보내어 장래의 자기 후계 교역자로 양성하고 있다고 하니 세상에 원수를 사랑하는 사람이 있다면 손 목사님의 이 행동은 그 최고봉의 일일 것입니다. 이 소문이 세상에 들리매 손 목사님의 이름이 천하에 퍼진 것은 우리 한국 교회에 무상한 영광이요 자랑입니다. 우리는 이 위대한 원수 사랑한 손 목사님을 성심성의로 영구히 추모해야 합니다.』

저녁 가을 햇빛은 그리 더운 줄 모른다. 별안간 저편에서 비행기 하나가 오더니 무슨 삐라 같은 것을 뿌리면서 지나간다. 일동은 그 다음이 듣고 싶어서 그 비행기 소리가 듣기 싫을 지경이었다.

『여섯째로, 손 목사님은 영광스러운 의의 면류관을 쓰신 위대한 순교자이십니다. 그는 사랑하는 두 아들 동인, 동신을 어린 순교자로 앞서 보내신 지 3년인 금년 가을 9월 28일 밤중에 여수에서 퇴각하는 괴뢰군의 총탄을 받아 미평 과수원에서 순교하시었습니다.』

일동의 흑흑 흐느끼는 울음소리는 더 한층 높아졌다. 추모사를 읽으신 박 박사의 음성도 눈물 섞인 음성이었다.

『그는 괴뢰군이 오기 전 피난할 수 있는 길과 기회도 수차례 있었으나 애양원에 나환자들, 참혹 가련한 양떼를 차마 버리고 가지 못하고 교회를 사수

하시다가 그렇게 체포, 참사를 당하였으니 그야말로 양떼를 위하여 생명을 버린 선한 목사이십니다』하시는 그 목소리는 그 자리에 참석한 다른 목자를 위시하여 자기 책임을 다 하지 못한 모든 각 교회 제직에게 그 무엇을 주는 것 같았다.

박 박사는 힘을 더 주어

『그가 하늘에 올라 영광스러운 의의 면류관을 쓰셨다는 것을 뉘 능히 의심할 것인가? 우리는 이 위대한 순교자 손 목사님을 성심성의로 영구히 추모해야 하겠습니다』

이렇게 6가지나 열거하신 박 박사님은 잠간 쉬시는 듯 말씀을 뚝 그치시더니 다시 말을 이어

『우리는 이렇게 위대한 경건한 사람이요, 전도자, 신앙의 용사, 나환자의 친구, 원수 사랑자, 그리고 순교자를 가리켜 일언으로 명명할 명사가 무엇인지 잘 모르나 아마 「성자」라는 존호를 써야 되리라고 믿는 바입니다. 광주 형무소에 있던 일본 사람 간수도 손 목사님의 언행에 감동을 받아 그를 성자라고 불렀다 하거늘, 그의 위대한 언행 생활의 여러 방면을 아는 우리들과 세계는 그에게 이 존호를 아니 쓰지 못할 것입니다.

생각건대 우리 한국 교회 역사에는 이런 성자가 일찍이 나타나지 못하였고 세계 기독교 사상에서도 이렇게 다방면인 성자는 보기 어렵습니다. 우리는 성 안토니의 경건 생활을 추모하여 그를 성자라 하나 그에게는 전도자, 신앙용사, 나환자의 친구, 원수 사랑자, 순교자의 행적이 없는 듯하고, 성 어거스틴과 성 프란시스를 성자로 숭배하나 그들에게는 가정 식구와 함께 경건한 생활을 하다가 순교한 영예가 없습니다. 유스티노와 허스와 위클립은 신앙을 지키기 위하여 생명을 던져 순교했으나 그들에게는 나환자의 친구, 원

수 사랑자 등의 영예가 결여(缺如)되어 있습니다.』라 외치며 과거 성자를 열거하여 비교한 다음에 눈물어린 얼굴을 들고 원고 든 손을 번쩍 드시며,

『이렇게 비교하여 볼 때에 우리 손 목사님은 세계 기독교 사상에서도 그 유가 드문 성자인 것이 분명하지 않습니까?

아! 손 목사님은 우리 한국 교회에 70년 역사가 나은 유일의 성자시요, 세계 교회사상에도 보기 드문 성자인 것을 세계는 아는가! 모르는가!

대한 교회의 경건한 아들과 딸들아! 가장 위대한 성자 손 목사님의 가심을 인하여 통곡하여 비가(悲歌)를 불러라. 그리고 위대한 사적 성심성의로 영구히 추모하자! 그리하여 우리도 그의 가신 자취를 만의 하나라도 따라보자. 그리하면 전 세계의 신도들도 우리를 모방하여 이 위대한 성자를 추모하며 그 걸어가신 자취를 따라가게 되리라.

1950년 10월 29일 하오 2시

서울 남대문 교회 터에서 박형룡』

일동의 흐느끼는 울음소리를 들으시며 박 박사님은 가만가만히 하단하셨다.

  1. 삼팔선도 무너져서

   할 일 많은 이 땅 위에

   삼천만을 남겨두고

   어이홀로 흘러 가셨나

   (후렴) 평생소원 순교제물

   평생소원 순교제물

   두 아들을 앞세우고

   예수따라 따라 가셨나

  2. 병자위해 이십오 년

옥중생활 또 여섯 해
두 아들도 바쳤으니
그의 할일 할 일 다했나

3. 칼과 총은 기쁨으로
매와 채찍으로 웃음으로
원수에게 사랑으로
그의 갈길 갈길 다 갔나

4. 겟세마네 동산 넘어
골고다의 골짝 넘어
갈보리 산상으로
예수따라 따라 가셨나

　라는 황순덕 선생이 부르는 애련한 「예수 나를 오라 하네」 곡조의 추모가에 일동은 다시 한 번 그 일생을 주마등 같이 머릿속에 그리면서 울었다.
　특히 노래를 부르는 황 선생 자신은 노래가 눈물이 되어 나오는 것을 억지로 참아가면서 부르게 되는 것이었다. 누구보다 더 손 목사님의 일생을 잘 알았고 옥중 6년 동안에 차라리 순교하셨던들 그처럼 여순사건이나, 그 안타까운 교권 싸움이나, 이 말세적 사상의 골육전을 보시지나 않았을 것을…… 또 차라리 이렇게 될 줄을 알았으면 순교하신 것도 모르고 꿈에 보여주시라고 애쓰지 말고 6·25사변 직후에 동희를 데리고 도보로라도 여수로 갔었을 것을 그랬나 싶기도 해서 후회됨이 많았다. 더구나 순교하시던 전날 아침에 득

남하셨다고 하니 사모님의 건강이 어떠하며 어린 아기가 어떻게 자라는가 싶으니 날개가 있다면 날아서라도 가보고 싶지 않았을 리가 있겠는가!

다음 순서로 이인재 조사의 추모사가 있었다. 이 조사는 제작년에 동인, 동신 군의 장례식을 애양원에서 함께 치루었는데 그때에 이미 바치려던 한 제물을 6년간 드렸어도 받지 않으시고 속세에 물들지 않은 천진하고 귀한 두 제물을 한꺼번에 받으신 하나님의 섭리를 함께 감사했다는 말과, 자신이 순교하기까지 불철주야하고 전도하셨다는 말을 한 후에

『손 목사님은 나의 동향지우(同鄕之友)로서 내가 아는 대로 한마디 말로 한다면 그는 일찍부터 죄를 무서워하는 사람이었습니다. 그의 신앙생활 가운데 자신에게 죄를 근절해 버리려고 많은 입산 기도와 금식 기도가 있었고 심지어 한때는 자신의 정욕을 죽여 성결 생애에 들어가기 위하여 내시(內侍)가 되려고 결심하고 부산 철도병원까지 찾아가서 이것을 단행하려고 하였습니다. 그때에 병원 원장이 허락하지 않아서 못했으나 이 한 가지로 보아서 그가 얼마나 죄로 더불어 싸웠다는 것을 알 수가 있습니다.』

일동은 다시 한 번 놀랐다.

『또한 일정시대에 광주 감옥에서 1년 반 복역을 하고도 그만 집으로 돌아갈 것이지만 신사참배가 무서운 죄인 줄 아는 그는 기어코 결사반대하고 다시 청주로 구금소로 종신 징역살이를 자청해서 간 것도 이 역시 죄를 무서워한 일에서 된 일일 것입니다. 근대에 우리 한국 교회가 낳은 희유(稀有)의 성자입니다. 그야말로 참된 주의 제자였습니다. 우리 주님은 세상 죄를 지고 가신 어린 양인 동시에 일방 유대 지파의 사자라고 하셨더니, 이 주님을 배운 손 목사님도 일면 어린양 같이 온유 겸비한 사랑의 사도인 동시에 죄를 이기는 데와 진리를 파수하는 데에는 사자같이 강하였습니다. 그는 누구나 보기

에도 사석에서 대할 때는 순한 어린양 같았고, 강단에서는 사자같이 무섭다는 인상을 가지게 된 것입니다. 우리는 이렇게 죄를 두려워하고 죄와 싸우시던 손 목사님을 추모하게 되었습니다.』

어디서 날아왔는지 비둘기 몇 마리가 이상하게도 회장 위로 왔다 갔다 하며 날아다니는데 슬픔에 잠긴 일동에게 큰 위로를 주는 것이었다.

끝으로 순서에 따라「사례사」차례가 되니 지금까지 고개를 숙이고 눈물만 흘리고 있던 동희, 두 오빠 순교당한 후에 더 귀여워해 주시던 아버지가 순교하신 것도 모르고 서울에서 마음 조리면서 석 달 동안을 보내고 나서 아버님 안부를 꿈에라도 보여주십사고 기도하던 동희…… 그녀는 학생 머리에 소복차림으로 조용히 강단으로 올라갔다. 일동은 그 딸의 모습에 먼저 눈물을 다시 흘렸다. 강단에 올라선 동희는 침울한 표정으로 앞에만 내려다보다가

『오늘 여러 목사님들께서 이같이 성대한……』

하고는 말이 뚝 그쳤다. 그러나 조금 끊어졌다가

『추모회를 가지게 해 주셔서 감사합니다. 여러 어머님들과 아버님들께 무엇이라고 감사한 말씀을 드려야할지 모르겠습니다.』

또 잠깐 끊어졌습니다.『그러나 여러 목사님들을 뵈오니……』

하고는 눈물 섞인 소리로

『돌아가신 아버님을 뵙는 것만 같았습니다. 3년 전 오빠들이 순교 당했을 때나』계속해서 말이 또 조금 끊어졌다가,

『지금 아버님께서 순교 당하셨다는 때나……』하고는 뒷말이 무슨 말인지 모르게 눈물로 말을 대신하고 말았다.

일동은 눈물로 그 눈물을 화답하는 것 같았다.

순서는 다 마치고 폐회를 한 때는 오후 5시경이었다. 그러나 누구하나 떠

날 줄을 모르고 한참동안 침묵이 계속되었다.

그날 뜻하지 않았던 비행기가 나르면서 뿌려준 유엔기를 그린 삐라 몇 장이 집회 장소에 떨어졌다. 그 삐라에는 이런 문구가 쓰여 있었다.

**통일 한국에 대한 희망의 상징**

「공산주의가 완전히 패배할 날은 가까웠다. 북한은 거진 다 해방되었으며 유엔은 자주 민주 한국의 통일 정부를 수립하기 위하여 속히 실시할 계획을 바쁘게 하고 있다. 또한 이 계획은 전화(戰禍)를 입은 한국을 구제하는 동시에 공산 괴뢰군이 파괴한 한국의 경제를 부흥시키기 위하여 국제적 원조를 제공하려는 것이다. 애국적인 모든 한국 사람들은 강하고 자유로운 한국을 건설하기 위하여 유엔이 제공하는 원조의 키대를 가지고 있다.

유엔기를 그린 삐라가 준 희망이 순교의 피를 흘린 밀알 속에서 움트듯 돋겠다고 함인지?